líder por amor
família, trabalho, sonhos e conquistas

CB064882

Angelo Otavio

líder por amor
família, trabalho, sonhos e conquistas

figurati

São Paulo, 2021

Líder por amor – 2ª edição
Copyright © 2021 by Angelo Otavio Blóes
Copyright © 2020 by Novo Século Editora Ltda.

EDITOR: Luiz Vasconcelos
ASSISTÊNCIA EDITORIAL: Tamiris Sene
PREPARAÇÃO DE TEXTO: Daniela Georgeto
DIAGRAMAÇÃO: Estúdio DS
REVISÃO: Manoela Alves
CAPA: Kelson Spalato

Texto de acordo com as normas do Novo Acordo Ortográfico da Língua Portuguesa (1990), em vigor desde 1º de janeiro de 2009.

Dados Internacionais de Catalogação na Publicação (CIP)
Angélica Ilacqua CRB-8/7057

Otavio, Angelo
Líder por amor: família, trabalho, sonho e conquistas – 2ª edição / Angelo Otavio. -- Barueri, SP: Figurati, 2021.
192 p.

ISBN 978-65-5561-309-4

1. Desenvolvimento pessoal 2. Autoajuda I. Título

21-5011   CDD 158.1 21-5011

Índices para catálogo sistemático:
1.Desenvolvimento pessoal

Grupo Novo Século
Alameda Araguaia, 2190 – Bloco A – 11º andar – Conjunto 1111
CEP 06455-000 – Alphaville Industrial, Barueri – SP – Brasil
Tel.: (11) 3699-7107 | E-mail: atendimento@gruponovoseculo.com.br
www.gruponovoseculo.com.br

Sumário

O motivo 7
Agradecimentos 11
Introdução 13

Capítulo I
O homem da minha vida – líder nato. 17

Capítulo II
O começo do fim – líder frustrado 37

Capítulo III
Luz no fim do túnel – líder motivado. 43

Capítulo IV
A vitória do fracasso – líder compreensivo 63

Capítulo V
Novos horizontes – líder renovado 71

Capítulo VI
Máquina de Xerox – líder inquieto. 83

Capítulo VII
Carreira solo – novos líderes 91

Capítulo VIII
De volta às origens – recomeço com o líder nato 99

Capítulo IX
Decisões novas de dúvidas antigas – líder solitário 107

Capítulo X
Carreira solo – liderança compartilhada 111

Capítulo XI
Do carnaval ao empresarial – líder social 115

Capítulo XII
Entrar é fácil, difícil é se manter – líder convincente. 123

Capítulo XIII
Palestra debutante – líder despreparado 129

Capítulo XIV
Mais uma mudança em vista – líder camaleão 137

Capítulo XV
Divisor de águas – afirmação como líder. 143

Capítulo XVI
Profissional do futuro – líder moderno. 151

Capítulo XVII
Líder por amor. 177

Mensagem final 185
Bibliografia. 189

O motivo

Ao pensar em escrever um livro, ou pelo menos tentar escrever, muitas ideias me vieram à cabeça. Ideias sobre a minha formação como Educador Físico, em que eu poderia levar dicas saudáveis às pessoas e aos trabalhadores, falar sobre Ginástica Laboral, Ergonomia e Boa Postura no ambiente de trabalho. Também pensei em tópicos relacionados à Gestão de Pessoas, algo muito necessário hoje em dia. Pensei, ainda, em relacionamentos dentro das hierarquias, processos e setores do trabalho, ou até mesmo escrever algo sobre as minhas próprias experiências como gestor e prestador de serviços em várias empresas de diversos ramos de atuação. Porém, o meu maior sonho e propósito era escrever algo que pudesse transpassar a leitura e servir como exemplo prático e motivacional para que os leitores usassem essa experiência como ferramenta de apoio para enfrentarem seus desafios pessoais e profissionais mais verdadeiros, como eu enfrentei e continuo a enfrentar todos os dias da minha vida. E foi esse o motivo que me fez acreditar na grandeza e real possibilidade desse desafio, pois não seria apenas escrever, mas, sim, como escrever, como conseguir chegar ao interior das pessoas com clareza e de forma genuína.

Em vários momentos, bem antes de começar a escrever, deparei com diversos obstáculos, como a dificuldade com a língua portuguesa, pois nunca fui um bom aluno nesta matéria, nem mesmo um leitor exemplar. Mas, com a ajuda de uma excelente equipe técnica, isso foi facilmente superado, pois sempre acreditei que o trabalho em equipe supera os obstáculos mais temidos, e, nesse caso, escrever um livro com falhas ortográficas seria o mais severo deles. Outro medo era o de esquecer alguém, algum fato ou algum momento marcante, mas isso também não seria tão ruim, pois com certeza devo ter esquecido várias pessoas, lugares e alguns belos bons momentos, mas com certeza tudo o que eu lembrei foi escrito e feito com o coração aberto, a mente limpa e uma aura cheia de bondade. Por isso, tenho certeza de que serei perdoado por alguns lapsos. Até mesmo porque a minha principal intenção ao escrever este livro é fazer o possível para chegar até as pessoas que talvez nunca irei conhecer, pessoas que irão usufruir das minhas experiências para se transformar em multiplicadores de bem-estar, promotores de seres humanos melhores. Por isso, abdiquei desses temores. Tenho plena certeza de que essas pessoas irão entender que eu também sou um ser humano, cheio de limites, e poderei ter falhado em algumas etapas da minha vida, mas sabendo que, mesmo errando, estava tentando acertar, afinal a intenção não era apenas fazer do jeito certo, mas, sim, da maneira correta. Como diria Mário Sérgio Cortella: "Fazer o correto, do jeito certo e na hora exata", e, para mim, essa é a melhor oportunidade, em que estou livre de preconceitos, pronto para dividir e apto para multiplicar.

Outra grande dúvida e apavoramento que me cercavam a todo momento era um pensamento quase diário e inquietante, acredito que de quase todos os humildes quase escritores, assim como eu: o receio de não conseguir transmitir em palavras todas as minhas emoções, momentos, situações, experiências, erros, acertos e lições. Porém me fortaleci novamente com as palavras de incentivo dos meus colegas de profissão, amigos, funcionários, parceiros e, principalmente, minha família, em especial a minha esposa amada e meus filhos queridos, pois foram eles que sentiram minha ausência por muitas noites, foram eles que me confortaram em muitos dias conturbados, e, é claro, foi por eles que consegui chegar até aqui, sempre ouvindo as frases: "Você precisa escrever um livro", "Você precisa dividir esses ideais". Mas a melhor delas veio dos meus filhos: "Você consegue, papai."

Acho que esse é o trabalho de um escritor ou de quem tem a vontade de tentar dividir momentos e experiências, sejam elas reais ou imaginárias. Não é tarefa simples, e acredito que não deva ser mesmo fácil, escrever para que outros sintam e se sensibilizem. Às vezes me descontrolo, quando percebo que existem pessoas que pensam em escrever algo para ser um produto apenas comercial, vendável, somente pelo lucro. Por isso, quero manter a convicção e o meu intuito de servir, de dividir para multiplicar, de sensibilizar para tocar e, acima de tudo, de refletir para agir, pois a verdadeira fonte da mudança será a capacidade de se renovar, reinventar, modular e até mesmo renascer através de questionamentos do tipo: "Será que estamos sendo coniventes com tantos absurdos sociais? Será que temos força para contribuir com uma possível mudança? Será que queremos mesmo mudar?". Pois essa mudança só terá sentido se for iniciada no interior de cada um, por um simples motivo: "A busca da felicidade."

Não sei se consegui fazer isso, pois decidi apenas compartilhar um pouco do que vivi, vivo e ainda quero viver. Por isso, peço a sua ajuda: vamos tentar viver juntos essas sensações, dividir esses momentos nesta leitura, com o coração aberto, a mente limpa e a alma serena, para depois interagir com o nosso mundo lá fora, tentar transformá-lo e, é claro, melhorá-lo.

Agradecimentos

Gostaria de agradecer a Deus, por tantas oportunidades que venho tendo em minha vida profissional e pessoal; a todos os líderes que passaram pela minha curta trajetória profissional até este momento, os quais foram as principais referências desta obra; a todos os meus funcionários e parceiros que acreditam nos meus ideais; a todos os meus familiares, que sempre me transmitem ótimas energias; e, é claro, aos meus pais e irmãos, pela educação e amor que recebi desde sempre.

Em especial, quero agradecer muito à minha esposa e aos meus filhos amados. Sem vocês nada disso teria acontecido, e é por vocês que muitas coisas ainda irão acontecer.

E quero agradecer também com muito carinho a todos os meus alunos dos cursos que já promovi e espectadores das inúmeras palestras que já ministrei, pois, no fundo, vocês foram os maiores responsáveis por esta obra, pois me estimularam, motivaram e desafiaram todas as vezes, entre um abraço e uma foto, que me perguntaram:

"Onde eu encontro mais sobre esse assunto?"

Introdução

Estou no auge da minha carreira, na plenitude da minha vida profissional, muito equilibrado financeiramente, e posso até dizer que vivo com mais do que sempre imaginei.

Me sinto muito bem fisicamente, pratico esportes, tenho a possibilidade de praticar o *hobby* que mais amo com certa frequência e sem dores no dia seguinte.

Sou um marido apaixonado e, diga-se de passagem, muito bem casado, com uma das mulheres mais lindas que já conheci, e ainda sou retribuído com o seu amor.

Um pai totalmente pirado pelos filhos, um casal impressionantemente educado e amoroso, que sente imenso prazer em simplesmente ficar à toa em casa comigo.

Me dou muito bem com meus irmãos. Sempre que podemos, estamos juntos nas datas comemorativas e, quando um de nós precisa de ajuda, nos unimos ainda mais.

Tenho minha mãe como exemplo de mulher e me esforço todos os dias para ser um exemplo de filho.

Já não tenho mais avós e pai, mas posso garantir que, enquanto eles estavam aqui, curtimos cada minuto juntos e misturados.

Tenho tios, primos e até afilhados, e, sempre que possível, falo com todos.

Tenho até uma tia que chamo de segunda mãe.

Tenho muitos amigos, tanto de infância como aqueles que a vida nos traz, seja pelo trabalho, pelo futebol do clube ou até mesmo por serem pais dos amigos dos meus filhos.

Comando uma empresa com muitos funcionários, alguns se tornaram da família e muitos me admiram, assim como eu a eles.

Faço praticamente tudo o que desejo, e ainda amo trabalhar, pois faço o que me dá enorme prazer e satisfação.

Por esta introdução, posso afirmar ser esse líder por amor, não?

Na verdade, estou me esforçando para me tornar um, pois fui privilegiado em conhecer, aprender e viver com o maior de todos os líderes por amor que eu já ouvi falar. Sim, o primeiro e o mais importante de todos os líderes que passaram pela minha vida, com quem eu mais aprendi e no qual eu me espelho e sonho em me tornar um dia, no mínimo, parecido com ele.

Convido você, meu caro leitor, a conhecer o maior líder da minha vida, aquele que me ensinou tudo o que eu acredito, que foi duro com minhas fraquezas e otimista com minhas virtudes. Aquele que me desafiava a ir além, que comemorava comigo cada pequena conquista, que não estava na retaguarda ou na linha de frente, estava sempre ao lado, pois queria que eu aprendesse, me superasse, me fortalecesse, e, para isso, sabia que eu precisava cair, levantar, sorrir e chorar, enfim, precisava "SENTIR".

No início, eu achava que era apenas um líder nato, mas, com o tempo, percebi que ser líder tem a ver com AMOR, e só existe um tipo de líder, é aquele que: *AMA o que faz*, e *AMA fazer com AMOR*.

"A única forma de se fazer um ótimo trabalho é amar o que você faz. Se você ainda não encontrou o que é, não sossegue."

Steve Jobs, cofundador da Apple

Existem, sim, vários perfis de líderes, e, assim como na trajetória acadêmica, em que, para se conseguir um doutorado, é preciso antes conquistar um mestrado, e para conseguir um mestrado, é necessária a graduação, para se formar um bom líder, também será necessário galgar alguns degraus, pois, antes da sua formação técnica, vem a sua vocação, e antes da vocação, vêm os seus princípios e valores, e, antes de tudo, vem a compreensão do AMOR.

*"O amor é uma atividade, e não um afeto passivo; é um 'erguimento' e não uma 'queda'. De modo mais geral, o caráter ativo do amor pode ser descrito afirmando-se que o amor, antes de tudo, consiste em **dar**, e não em receber."*

Erich Fromm, psicanalista, filósofo e sociólogo alemão

Amar é uma escolha, alimentada pelo comportamento dentro de uma relação. É um desejo inegociável de fazer o *bem*, às vezes sendo duro com quem se ama e gentil com quem divergimos.

"Ser líder por amor é mais que estudar ou trabalhar sobre o tema. É, na verdade, necessário, ser um exemplo de generosidade e integridade – unindo três virtudes: humildade, vontade e muito amor."

Angelo Otavio, aprendiz de Líder por amor

Boa leitura!

Capítulo I
O homem da minha vida – líder nato

O primeiro e o melhor homem da minha vida eu conheci quando tinha mais ou menos três ou quatro anos de idade. Ele já me conhecia desde o meu primeiro choro neste mundo, mas essas são minhas primeiras lembranças nítidas quando busco no meu banco de dados "Memória afetiva da infância". Sempre penso nessa fase da minha vida, pois foi nela que comecei a me questionar e também a questioná-lo, querendo saber o que ele fazia em seu trabalho, por que muitas vezes não dormia em casa, o que ele fazia quando estava sozinho, se sentia saudades de mim assim como eu sentia dele, enfim, um misto de curiosidade e dúvidas, mas sempre com muita admiração.

Quando completei seis anos, ele começou a me responder tudo isso na prática, pois passou a me levar junto para o trabalho, quando podia, é claro, e, quando penso nessa época, rapidamente meu HD cerebral processa lembranças insubstituíveis, nas quais eu visualizo a imagem de um homem forte, viril, ágil e muito agitado, comandando vários funcionários e com muitas responsabilidades, sempre correndo para que tudo desse certo e todos os prazos fossem cumpridos. Muitas vezes ele precisava se ausentar do lar para honrar com seus compromissos, trabalhar aos finais de semana para bater metas e sanar as necessidades pessoais e financeiras de sua família. Já viram ou conheceram alguém assim?

Acredito que esse perfil já esteve presente na vida de muitos, mas na minha se deu com uma intensidade e força avassaladoras. Uma imagem marcante e muito viva até hoje na minha memória é a desse homem subindo uma escada estreita, de degraus altos, sem corrimãos, que levava os funcionários até a casa das máquinas de projeção, e ele, com muita pressa, andando com passos largos e firmes, carregava no ombro direito três ou quatro embalagens redondas de alumínio apoiadas com muita habilidade por apenas uma das mãos, pois a outra estava colada ao corpo, cheia de papéis. Antes de subir, ele me via brincando com os carrinhos de ferro de miniatura da marca *Matchbox*, com os quais ele sempre me presenteava após suas viagens à capital, pois só lá eles eram encontrados, e era um luxo tê-los naquela época – no final da década de 1970.

Ao me ver sentado ali no chão, brincando ao lado da escada, apenas com um olhar e um sorriso discreto com o buço suado (como sempre ficava), eu entendia que ele estava com pressa, pois aquela encomenda deveria ser entregue o quanto antes, mas em breve voltaria para me ver. Eu entendia na mesma hora a importância de sua movimentação e não me sentia em nenhum momento abandonado ou que tinha ficado em segundo plano. Continuava ali por mais de trinta minutos sozinho, e de vez em quando algum funcionário passava e me perguntava: "Tudo certo aí, garoto?" Eu apenas sinalizava que sim com a cabeça. Mais alguns minutos se passavam, o som que vinha das máquinas do andar de cima era ritmado e constante, e ao fundo eu podia ouvir as pessoas (clientes) gritando de medo após um silêncio profundo. Eu mal conseguia brincar direito, pois aquele misto de sentimentos começava a me incomodar. Quando eu já estava prestes a não segurar mais o choro, pelos mesmos degraus altos daquela escada estreita, agora bem mais lento e apoiando as mãos nas paredes laterais, ele descia já com um sorriso no rosto e um semblante bem mais sereno.

O meu ídolo e fonte de todas as minhas melhores inspirações, o homem versátil à frente do seu tempo, empreendedor corajoso e destemido, apaixonado pela oitava maravilha do mundo, formado em Educação Artística e Desenhos Geométricos, desde muito cedo começou a trabalhar nos bastidores das salas de projeção de cinemas do interior paulista. Com apenas 22 anos já era proprietário da sua primeira sala e, mais tarde, aos 30 anos, era dono de mais quatro cinemas espalhados em municípios do sudeste paulista, e a cidade sede dessa modesta rede de entretenimento era a minha tão amada cidade natal, Capão Bonito.

Foram anos de sucesso, liderando uma numerosa equipe de funcionários, que atuavam na bilheteria, na portaria, no baleiro – como chamávamos na época as bombonieres de hoje –, os lanterninhas – que era como chamávamos os fiscais de sala, que hoje nem existem mais –, os cortadores, que eram responsáveis por emendar os filmes quando estes se rompiam, profissão também extinta com a chegada dos projetores digitais, os projetistas, os seguranças, o pessoal da limpeza, enfim, todos os colaboradores daquela instituição maior chamada Cinema. Na áurea época de sucesso dos cinemas do interior, ele chegou a ter uma sala na cidade de Itararé, no interior de São Paulo, que faz divisa com o norte paranaense, com capacidade para 1.000 lugares; hoje em dia, os lugares nas maiores salas de cinema dos shoppings não passam de 500, mas o mais espantoso é pensar que, num filme de lançamento nacional, essa e outras salas gigantes eram lotadas com extrema facilidade, com sessões extras ao longo da programação, muitas vezes assistidas pelas mesmas pessoas, pois o protagonista não era apenas o filme, mas todo o ambiente mágico que pairava sobre aquele universo lúdico, fascinante e estimulante.

Foram anos vivendo como expectador desses momentos, ouvindo sem entender a fundo muitos detalhes, as longas conversas entre aquele jovem empresário e seus funcionários, fornecedores, credores e tantos outros. Mas, sem sombra de dúvidas, as principais conversas e as mais importantes eram entre ele e minha mãe. Quantas e quantas noites demorei a dormir, e em muitas delas me esforçava para ficar acordado, pois adorava ouvi-lo contar cada detalhe do seu dia, como se fosse um relatório ao chefe, porém muito diferente dos que presencio nas empresas em que presto consultoria hoje em dia, pois era feito com muito amor e sinceridade – e o melhor de tudo: sem cobranças, com leveza e prazer para ambos, ou melhor, para todos nós, já que eu era o espectador oculto daquelas longas conversas, que para mim soavam como um roteiro de mais um filme de sucesso.

Lembro-me como se fosse hoje das proezas necessárias para que o filme (película de 70mm, o maior glamour da história das grandes projeções; hoje, a maioria dos filmes é exibida em 35mm) chegasse a tempo para o início da sessão. Era uma correria danada, com o transporte precário, estradas horríveis, e a má vontade das companhias de distribuição dos filmes da capital paulista, pois, para eles, o interior era o plano B, ficava em segundo lugar, mas aquele líder nato e exemplo para seus liderados sempre dava um jeito, encontrava uma solução.

Naquela época, eu não tinha muita noção, mas estava de frente para um símbolo vivo de proatividade, aquele que dirigia, conduzia, realizava, aquele que nunca gritava, nem ao menos se exaltava, aquele que tinha que resolver e resolvia. Cuidar da logística nos dias de hoje é um grande exercício para os profissionais especializados desse setor, imagine, então, nas décadas de 1970 e 1980, em que não havia celular, e-mail, *Messenger*, *WhatsApp*... Quantas vezes ouvi ele se justificar com sua equipe dizendo a frase: "Se eu tivesse como, avisaria a todos que eu iria atrasar com o filme", pois muitas vezes a companhia de distribuição não havia despachado o filme via transportadora (ônibus), e ele, sem pensar duas vezes, pegava seu automóvel particular, que na época era o carro do ano, um Fusca, e corria até a capital, que ficava a mais ou menos 250 km daquela praça, para retirar pessoalmente a encomenda que seria exibida naquele mesmo dia, na sessão de estreia, às 19h30 (horário nobre).

Porém, com todos os transtornos que essa logística promovera naquela época, a primeira sessão foi cancelada e o dinheiro, devolvido aos clientes, mas a sessão das 21h estava garantida. Para muitos, a missão estava cumprida, mas não para aquele líder inquieto. Ele nunca aceitaria que aqueles clientes ficassem sem assistir ao filme naquela noite, afinal não poderiam transferir seus bilhetes para a segunda sessão, em que todos os lugares também já haviam se esgotado com antecedência. Para ele, era muito doloroso viver aquela situação, mas o que mais me chamava a atenção é que não tinha nada a ver com lucro monetário, e sim com a falha operacional, que, mesmo sendo iniciada por terceiros, para ele, era como se ele mesmo tivesse falhado por não chegar a tempo para aquela sessão, ou por não conseguir se comunicar com a equipe. Com esse sentimento de frustração tão profundo instalado no peito, ele programava uma sessão extra no dia seguinte e convidava todos que haviam perdido a sessão de estreia para voltarem sem nenhum custo e com direito a pipoca de graça, como forma de serem recompensados.

Esse sentimento era real e me serviu, e serve até hoje, de inspiração, pois era algo muito maior, maior até mesmo que o compromisso com suas metas e objetivos, pois estavam relacionados aos seus valores, à sua missão e ao seu propósito, o que nós chamamos hoje de "Manifesto", que era promover entretenimento e elevar o nível cultural da população local, em sua maioria humildes, de cidades pequenas e com poucos recursos para cultura.

Imagine se em todas as nossas ações corporativas esses valores fossem sempre exaltados e respeitados? Com certeza não precisaríamos mais divulgar nossas crenças, pois elas estariam sempre vivas no cotidiano de todos os envolvidos. Por isso, tenho o maior orgulho de ter vivido os melhores anos da minha vida ao lado do melhor líder nato que já conheci, o sr. João Sennen Blóes, meu amigo, mentor e pai.

Líder nato, intuitivo e com o dom da percepção à flor da pele, rapidamente percebeu que conquistaria seus seguidores pelo seu exemplo, e não apenas com suas palavras. Mas não só aqueles que eram necessários para alcançar seus objetivos, e sim todos os que compartilhavam e entendiam o motivo daqueles esforços. Para tanto, nunca perdia o controle, era sempre determinado, firme e, ao mesmo tempo calmo, atento aos detalhes, perseverante com as possibilidades de melhorias. Não aceitava o erro com facilidade, mas assumia os defeitos operacionais e comandava as mudanças quase que imediatamente. Tinha uma visão ampla da situação e vivia o presente intensamente, mas sempre com um olhar no futuro.

Em seu primeiro ano como empresário e proprietário, enfrentou o desafio de muitos jovens empreendedores. Como havia arrendado um cinema que já existia e acordado com o antigo dono (o padre da cidade) que manteria os funcionários antigos, começou a se deparar com um grave problema: os funcionários subestimaram o seu poder de liderança e de comando, e, como forma de afronto, começaram a faltar no serviço sem avisar, pois tinham a certeza de que eram insubstituíveis. Porém não contavam com as habilidades desse líder *moderno*, à frente do seu tempo, que, diante dessa situação, reagiu rapidamente, criando um plano de carreira e um plano de sucessão, no qual treinava os funcionários para mais de uma função. Além disso, aprendeu todas as funções e tarefas, tornando-se o substituto de todos, como são chamados hoje nas grandes empresas os "folguistas". Conforme o esperado, o problema se resolveu e a equipe se rendeu às mudanças.

Essa é a diferença entre o líder por poder e o líder por autoridade. O primeiro comanda sob a pressão do medo, da sua força de superior hierárquico, com as famosas frases "Faça isso, senão…", "É desse jeito e pronto", e a mais conhecida de todas: "Manda quem pode, obedece quem tem juízo". Já o segundo sabe o que está fazendo e mostra como se faz, pois é uma autoridade no assunto, é aquele que, mesmo depois da aposentadoria, continua trabalhando, mas não apenas por necessidade, e sim porque conhece demais aquela atividade e sente prazer em ser produtivo. Quando algo dá errado, o líder por autoridade pergunta: "O que pode ter acontecido?" ou "O que deixamos de observar?". Já o líder por poder perguntaria: "Quem errou?". Um quer achar o erro, para assim entender, avaliar e refazer o processo, ou seja, aprender com o erro. Já o outro quer encontrar um culpado e aplicar a gestão de consequência, pois, na verdade, não quer assumir a responsabilidade da falha.

Além dessa visão prática para resolver os problemas, meu pai era idealizador de grandes projetos. O primeiro de muitos aconteceu no início da década de

1980, quando, em tempo recorde, reformou e reinaugurou uma sala de 250 lugares, com um *layout* moderno e arrojado, para não dizer muito diferente das salas da época. Pintou todas as paredes de verde-escuro, revestiu pontos estratégicos com espumas para abafar o som, posicionou uma luz indireta nas paredes com arandelas muito modernas para a época (imagina se ele tivesse conhecido as lâmpadas de LED...), contratou marceneiros e tapeceiros da capital para fabricarem poltronas semirreclináveis de madeira e com estofados de couro na cor vermelha, e colocou o piso de carpete para melhorar ainda mais a acústica. Essa preocupação com a acústica era um dos motivos da reforma, que foi a compra de um som importado (italiano) com sistema estéreo, de última tecnologia e com muita potência.

O filme escolhido para a reinauguração não poderia ter sido mais apropriado para o momento: *Terremoto* (da *Universal Pictures* e com direção de Mark Robson). As paredes tremiam, o coração acelerava e parecia que era o próprio abalo sísmico que estava acontecendo naquele momento. Foi delirante e indescritível ver o sentimento de alegria misturado com dever cumprido em seu rosto, e a resposta para muitos que o chamavam de louco ou que duvidavam das suas intenções era o reconhecimento ao inovador, empreendedor, sonhador, que se satisfaz pelo sucesso chamado de "realização".

Em meados dessa mesma década, ele foi o primeiro desbravador a projetar sessões de cinema em praça pública, a céu aberto e gratuitamente, nas cidades pequenas da nossa região nas quais não havia cinema, mas, claro, com suas condições bem explícitas:

1º) Alinhar os detalhes operacionais e a segurança do evento com a prefeitura local, a qual também deveria assumir as despesas com a logística e a montagem da cabine de projeção.

2º) Também ficava a cargo da contratante (prefeituras) fazer a divulgação nos bairros distantes e carentes, e disponibilizar transporte gratuito para essas pessoas.

3º) E a última e mais nobre exigência, que era a de passar apenas filmes nacionais, de forma a valorizar e incentivar os talentos do nosso país, mas também permitir que os analfabetos ou aqueles com dificuldades de acompanhar as rápidas legendas vivessem as experiências que essa maravilha pode proporcionar.

Em outro momento, resgatou o teatro para dentro do cinema. No lugar dos trailers internacionais, antes de cada filme cedia o palco – comum nas salas daquela época – em frente às telas gigantes para atores, humoristas, poetas e até mesmo aventureiros locais (amadores apaixonados por Arte), para que apresentassem seus atos e esquetes teatrais que, de uma maneira ou de outra, sempre animavam, divertiam ou pelo menos distraíam o público, e em alguns momentos distraíam o pessoal até o filme chegar da capital, estratégia criada por ele após alguns atrasos e sessões canceladas, como já comentei anteriormente. Ele criou também as sessões VIPs, que na época eram sessões feitas em horários especiais, com um número reduzido de ingressos à venda, acompanhadas de guloseimas diferentes e alguns outros caprichos. Dava um trabalho danado montar tudo do jeito que ele queria, mas era um sucesso de vendas. Tudo isso me fez acreditar cada vez mais em suas ideias, projetos e "sonhos". Hoje vejo com clareza que todos os nossos objetivos e metas precisam nascer de um sonho; como diz meu amigo, ator, comediante e palestrante Marcelo Marrom: "Não durma antes de sonhar".

Tenho certeza absoluta de que aqueles momentos foram as melhores aulas que eu já tive na vida, eram momentos de puro empreendedorismo, em que o idealizador colocava em prática suas ideias, projetos e perspectivas, sempre em busca do equilíbrio da receita e harmonia entre todos os envolvidos, pois naquela época a palavra valia muito e tudo o que se prometia era cumprido, mas também tudo o que não se entregava era cobrado e gerava uma consequência, e essa foi minha primeira aula sobre ganha-ganha, pois negócio bom só é bom se ambas as partes estiverem satisfeitas.

Essa regra está escassa nas relações trabalhistas de hoje em dia, em que levar vantagem sobre alguém, algo ou situação parece gerar mais benefícios do que a satisfação plena da conquista honesta e honrosa de seus resultados.

Uma pergunta que sempre me fazem quando me ouvem contar essas experiências em minhas palestras é: como você conseguiu acompanhar tudo isso tão de perto?

Bem, vivendo ao lado desse homem exemplar, meu maior sonho era ser como ele. Quando me perguntavam na escola o que eu queria ser quando crescesse, minha resposta era imediata: "Quero ser igual ao meu pai".

Para chegar lá, com sete anos de idade e na primeira série do primário (como era chamado o Ensino Fundamental naquela época) fiz um pedido ao meu pai, pedi um emprego no cinema. Meio surpreso e indignado com o meu pedido, ele me fez uma contraproposta:

– Quando você souber toda a tabuada de cor e salteado, souber voltar troco e seguir os horários, te darei um emprego.

Era um desafio grande para uma criança, mas eu queria tanto que nunca reclamei das horas a mais que fiquei estudando, e, com oito para nove anos, passei no teste e ganhei meu primeiro emprego: fui contratado para ser responsável pelo "baleiro". Basicamente, só vendíamos balas e bombons. Porém, o desafio era maior do que eu imaginava. Na minha primeira semana tudo foi lindo, pois todos os clientes (quase todos conhecidos) vinham comprar e achavam inusitado uma criança – e ainda filho do dono – naquela posição. As vendas foram ótimas, mas toda novidade tem prazo de validade, e é aí que os problemas começam a aparecer. No meu caso, eu era lento para fazer os cálculos e voltar o troco, e, como sabemos, todos chegam em cima da hora e não querem perder o filme, por isso perdi muitas vendas com a frase: "cancela, depois eu venho pegar, não quero perder o começo do filme".

Também havia alguns malandros que se aproveitavam dessa fragilidade e acabavam pegando algumas balas a mais enquanto eu me virava para pegar o troco ou abaixava para atender outro pedido. Mas, para minha surpresa, eu não estava sozinho nessa, meu pai acompanhava tudo a distância e, quando ele estava ausente, deixava sempre um funcionário de plantão (sem eu saber, é claro), assim, quando fechamos o primeiro mês, acabei por não receber nenhum centavo, pois as perdas foram maiores do que a receita. Achei que levaria uma bronca, mas não foi isso que aconteceu, pois estou falando de um líder por amor, e isso representa o líder na sua essência maior, que não resolve o problema com a solução imediata, ou com *Gestão de Consequência*, pois sabe que pode estar apenas apagando um incêndio, e não acabando com a fonte de calor. Por isso, ele quis solucionar o problema e, ao mesmo tempo, me motivar a contribuir com a criação da solução. Para isso, ele me fez três perguntas que levo comigo até hoje: "Você quer continuar?", "Você acha que consegue?", "Você se sente bem fazendo isso?".

Respondi que SIM para todas, e completei a frase dizendo: "mas vou precisar muito da sua ajuda".

E foi nesse dia que a minha escola base sobre procedimentos, regras, normas, estratégias e, principalmente, foco no resultado começou na minha vida.

Criamos um cronograma de tarefas, no qual em cada dia da semana eu tinha uma tarefa específica, que havia sido definida de acordo com o movimento da bilheteria:

- **Segunda-feira:** era dia de pouco público, então o foco era na limpeza e organização, contagem do estoque, prospecção dos novos pedidos de compras, descarte das peças ruins (balas abertas ou derretidas pelo calor), balanço do que mais vendeu e do que mais se procurou no final de semana. Era o dia do *checklist* e do planejamento semanal.
- **Terça-feira:** dia de sair para pesquisar preços, ver possíveis novidades e montar os combos (saquinhos com vários sabores de balas e alguns especiais *premium* com bombons).
- **Quarta-feira:** chegavam os produtos novos, era hora de reabastecer as vitrines, finalizar os combos, etiquetar os preços e deixar tudo muito vistoso e atraente.
- **Quinta-feira:** dia da retomada das vendas, era a prévia do final de semana, um pouco mais tranquilo, mas com clientes de alto potencial de compra, pois eram aqueles que não gostavam das salas cheias, e, nesse dia, testavam-se alguns novos produtos, pois era o público mais exigente.
- **Sexta, sábado e domingo:** eram os dias mágicos, se tudo estivesse em seu devido lugar e seguindo o planejamento daquele cronograma, não tinha erro, era só atender bem, vender e sorrir no final.

Nesse ritmo acelerado de trabalho, aprendi muito sobre Estratégia de Vendas, em que o meu primeiro e maior líder sempre tinha alguns protocolos de procedimentos. Nesse caso, ele tinha os sete mandamentos da venda direta, que são:

1º) Ambiente bonito e organizado
2º) Tudo muito limpo
3º) Padrão de atendimento único para todos os clientes
4º) Recursos estruturados
5º) Valor agregado
6º) Metas claras e bem definidas
7º) Funcionários bem preparados

Você deve estar se perguntando como meu pai ensinou cada um desses mandamentos para uma criança de 10 anos. Pois bem, ele não agendou sete reuniões para falar de cada ponto, não preparou um manual de procedimentos ou um passo a passo detalhado, mas demonstrou cada item na prática e com exemplos do dia a dia, relembrando situações que havíamos vivido anteriormente, exemplificando com riqueza de detalhes cada ocorrência passada ou que poderia vir a acontecer, discutindo diariamente sobre meus erros e acertos, ou seja, sem saber eu estava ali recebendo a minha primeira aula sobre a importância do *feedback*. Mesmo assim, não foi nada fácil assimilar tudo isso, demorei a entender a importância de cada uma daquelas etapas, pois, no primeiro momento, eu achava que a única coisa que importava era vender tudo o mais rápido possível.

Mas no comércio de varejo não é bem assim que funciona, você precisa atender cada cliente de uma maneira única. Mesmo aquele que não compra ou que não encontra o que quer. Você precisa satisfazê-lo mesmo sem vender e essa foi a lição mais nobre que aprendi naquele momento.

"Satisfazer mesmo aquele que não está satisfeito."

Vamos entender melhor cada tópico:

1º) Ambiente bonito e organizado

O primeiro contato do cliente é visual; de longe, ele tem uma visão panorâmica e, pode acreditar, ele percebe à distância se o lugar é bem cuidado. Tudo deve estar em seu devido lugar, e hoje em dia a maioria das empresas adota programas para isso, como o 5S:

Denominação		Conceito	Objetivo particular
Português	Japonês		
Utilização	整理, *Seiri*	Separar o necessário do desnecessário	Eliminar do espaço de trabalho o que seja inútil
Organização	整頓, *Seiton*	Colocar cada coisa em seu devido lugar	Organizar o espaço de trabalho de forma eficaz
Limpeza	清掃, *Seisō*	Limpar e cuidar do ambiente de trabalho	Melhorar o nível de limpeza
Padronização	清潔, *Seiketsu*	Criar normas/*standards*	Criar normas claras para triagem/arrumação/limpeza
Disciplina	躾, *Shitsuke*	Todos ajudam	Incentivar a melhoria contínua

No meu caso, era posicionar todos os produtos nas gôndolas da melhor maneira possível. Tudo devia ficar à vista do cliente, nenhuma caixa podia ficar fora do lugar. Papéis espalhados pelo balcão? Jamais. Tudo era colocado de forma estratégica para facilitar a operação de venda, ou seja, era pensado pela ótica do cliente, e não para ficar mais fácil, pois, quando o objetivo principal é claro, construímos um ambiente bonito e organizado. Nesse caso, os clientes precisavam ter os produtos à vista para que pudessem escolher e comprar com rapidez, pois sempre chegavam em cima da hora e não queriam perder nem os *trailers*.

Meu pai ficava encarregado do *layout*, ele estava sempre colocando um adesivo diferente, um painel com imagens de filmes de sucesso, em sua maioria de ação e com atores famosos. Isso chamava a atenção das pessoas que, muitas vezes, se aproximavam para ver o painel mais de perto e, no fim, acabavam comprando alguma coisa. Ele sempre pensava em oportunidades, em somar e multiplicar interesses, e, o principal, que fosse bom para todos. Por isso, colocar tudo em seu devido lugar não é uma mania, mas uma estratégia organizacional com os seguintes objetivos:

- *Agilizar a venda*: se tudo estiver no lugar certo, não se perde tempo.
- *Apresentar o ambiente*: tudo organizado demonstra cuidado e boas práticas, isso gera credibilidade.
- *Manter a limpeza e o cuidado:* é fundamental para gerar comportamento seguro de consumo, pois as pessoas percebem quando tudo foi limpo e posicionado com um objetivo, isso transforma coisas simples em identi-

dade visual do local e das pessoas que trabalham ali, e, tratando-se de produtos alimentícios, isso é fundamental.

No quesito beleza, ela não estava nos móveis ou doces, mas, sim, na maneira com que eu me responsabilizava por eles, pois muitas vezes eu me deparava com pouca mercadoria, mas, em vez de reclamar e deixar uma gôndola cheia e outra vazia, eu me preocupava em distribuir os produtos, espaçar um grande e um pequeno, colocar os mais vistosos na frente, com caixas fechadas (que muitas vezes estavam vazias) que faziam volume e completavam os espaços vazios deixados pela falta de mercadorias. Claro que sempre tem aqueles produtos que vendem mais, naquela época eram as balas Azedinha e Soft (de vários sabores), Chita de Abacaxi, Sete Belo de morango, e os chocolates de promoção como os pirulitos Zorro e os guarda-chuvinhas de chocolate, sem falar dos clássicos chocolates Surpresa (vendiam muito pelos encartes de bichos que vinha dentro e as pessoas colecionavam) e ainda, os *cigarettes* da *PAN* (chocolates que imitavam cigarros) e que, hoje em dia, é inimaginável pensar que eles eram permitidos, porém eram os mais caros e com as menores margens de lucro, dessa forma, a meta era tentar vender os outros em grandes escalas, mas não era nada fácil. Foi esse um dos motivos da criação dos combos, pois neles, colocávamos além dos que mais vendiam, os menos expressivos e na média as metas eram conquistadas. Hoje em dia essas estratégias são chamadas de mix de vendas.

2º) Tudo muito limpo

Estar com tudo limpo não era uma opção, mas uma obrigação, porém não era uma obrigação imposta pelo meu pai, e sim algo que percebi com os resultados. Quando algo estava sujo, as vendas caíam, mas, quando tudo estava impecavelmente brilhando, eram os dias em que mais se vendia. Fui percebendo isso aos poucos, e, na verdade, não era tão agradável aceitar isso, pois qual criança na idade de 10 anos gosta de ficar limpando vidros? E tinham muitos vidros naquela bomboniere. As crianças colocavam o dedo a todo momento para apontar qual doce queriam (até hoje educo meus filhos a não colocar os dedos nas vitrines das lojas, pois sei o quanto dá trabalho para limpar), por isso a limpeza não era feita apenas antes ou depois do expediente, mas sempre e a todo momento. Algumas vezes, as pessoas que estavam sentadas na sala de espera vinham comprar mesmo sem tanta vontade, e se justificavam dizendo:

– Você é tão caprichoso que me deu vontade de chupar uma bala!

E não era apenas a limpeza que agradava, mas a dedicação e a verdadeira importância que se dá a cada detalhe do seu ambiente de trabalho. Atender bem é um conjunto de atitudes que vão além da simpatia, é você saber ouvir as necessidades e tentar resolvê-las com mais afinco.

3º) Padrão de atendimento único para todos os clientes

Quando se trabalha com vendas, toda venda promove uma satisfação, um sentimento de grandeza, de dever cumprido, mas o melhor sentimento mesmo era vender nos momentos difíceis, quando não se tinha muita mercadoria à disposição, quando não se tinha os produtos famosos, aqueles que se vendem sozinhos. Assim, eu percebia que, quando estava desmotivado por algum desses problemas ou quando não estava concentrado e aplicado em cativar as pessoas, eu obtinha os piores resultados. Assim, eu me esforçava para sempre estar bem, feliz e, principalmente, entusiasmado, independente do que estivesse acontecendo nos bastidores. Era parte do meu trabalho atender bem, e acredito que se relacionar bem com estranhos é quase um dom, pois, quando se vende algo para conhecidos, tudo se torna mais informal, porém, quando se vende algo para estranhos, a sua imagem é a principal ferramenta, estar sempre bem arrumado, com o uniforme limpo e ajustado no corpo, cabelo curto ou bem preso (já que vendíamos alimentos), barba bem feita (no meu caso, na época, apenas cabelo), ter cuidado com acessórios (brincos exagerados, pulseiras soltas), enfim, tudo nos seus devidos conformes.

O próximo passo era a abordagem: primeiro sorrir, segundo cumprimentar, terceiro ouvir para depois oferecer. Quantas vezes já nos incomodamos em lojas de shopping quando o vendedor vem nos abordar sem antes termos nos manifestado? Pois quando você demonstra uma imagem agradável, uma recepção amigável, o cliente se manifesta, seja para elogiar ou para retribuir o que você proporcionou. Nesse momento, você aciona um tal de neurônio espelho, se você sorri, o cliente sorri também, e a partir dali basta ter o produto disponível que as vendas estão garantidas.

Mais um detalhe de extrema importância é a despedida. Às vezes, outros clientes chegam no meio desse processo, e é preciso ter habilidade para não embolar tudo. Calma e organização são primordiais nessas horas. Sempre priorize finalizar bem um atendimento, pois o próximo (mesmo que espere um pouco mais) irá receber o mesmo tratamento, ou até mesmo melhor, por ter esperado um pouco. Tudo isso dita o bom ritmo das vendas, trazendo mais motivação ao vendedor. Atualmente, em muitas lojas os vendedores levam as sacolas dos clientes até a porta da loja, pois entenderam a importância de finalizar um atendimento. Mesmo que o cliente não compre, é imprescindível começar bem e terminar bem, pois dessa forma o cliente voltará, além de sempre levar uma ótima impressão do lugar e do seu atendimento, podendo até mesmo indicar o estabelecimento a outras pessoas, mesmo sem ter efetuado a compra, mas pela boa impressão que levou do lugar.

Resumindo, criamos a regra **3A** e **2E**:

1) Acolhimento
2) Abordagem
3) Apresentação
4) Experiência
5) Entrega

Acolhimento: *é o momento do olhar atento, do sorriso de boas-vindas, daquele bom dia, boa tarde ou boa noite agradável, seguido daquelas frases poderosas, como: "Prazer em recebê-los", "Como posso ajudá-los?", "Vieram ao lugar certo".*

Abordagem: *é nesse momento que extraímos o maior número de informações sobre as necessidades que o cliente veio sanar. Sempre estimulando que ele fale e ser bom ouvinte é fundamental na abordagem.*

Apresentação: *após receber e entender as necessidades do cliente, partirmos para a apresentação das soluções, ou seja, apresentar os serviços e produtos que temos à disposição, muito mais direcionado a cada demanda.*

Experiência: *é o momento em que o cliente testa algum produto ou serviço, por exemplo: experimenta um tênis e pode caminhar com ele dentro da loja, faz uma aula experimental na academia, entre outros. É a hora da degustação; se o produto for bom e o ambiente estiver propício (luz, aroma, temperatura, cenário, espelho etc.), a experiência será marcante.*

Entrega: *esse é o momento mágico da venda, da conclusão da negociação, é aí que todos precisam estar felizes, tanto quem vende quanto quem compra. Algumas frases* *usadas nesse momento: "Fez um ótimo negócio!", "Também é o meu sonho comprar um desses!", "Ficou lindo em você!", e a melhor delas: "Está feliz com a compra?".*

4º) Recursos estruturados

Além das etapas anteriores, para se concretizar bons negócios, é de extrema importância analisar os recursos que temos para promover o suporte necessário para cada segmento e ambiente de trabalho. Naquela época, os meus recursos eram simples, mas podemos fazer ótimos comparativos com os dias de hoje, por exemplo: eu precisava de muitas moedas para troco, pois as mercadorias eram relativamente baratas e as pessoas não vão para um ambiente glamoroso (na época, ir ao cinema era um sinal de muito *status*) com moedas no bolso, assim, eu precisava percorrer o comércio local durante o dia para conseguir um estoque de moedas satisfatório para voltar os trocos, pois meu pai havia me orientado a não voltar o troco em balas (como ainda é feito hoje em dia em alguns estabelecimentos). Confesso que no começo eu fiquei meio revoltado, pois seria muito mais fácil voltar o troco em balas do que gastar horas tentando encontrar alguém disposto a trocar cédulas por moedas. Mais uma vez eu estava errado, aquele líder nato nunca pensava pequeno; enquanto eu via apenas uma regra de cordialidade, ele via uma estratégia de vendas indiretas, pois, quando eu voltava aquele monte de moedas de baixo valor de troco, as pessoas imediatamente falavam:

– *Não* vou levar tudo isso de moedas no bolso. Me veja mais dessas balas.

E, assim, acabavam comprando mais só para se livrar das moedas. Se fôssemos trazer esse exemplo para os dias atuais, poderíamos relacionar com as máquinas de cartão de crédito, muitos estabelecimentos adquirem para facilitar as vendas, mas não se estruturam bem para isso; se não houver um bom sinal de internet e se a quantidade de máquinas não for suficiente (é necessário ter algumas de reserva para eventuais problemas técnicos), será muito difícil evitar a frase:

– Pagamento com cartão só no caixa.

Se a intenção é facilitar, então facilite e não complique. A principal lição aprendida neste tópico é: não mostre que fez mais ou menos, faça direito e esteja sempre no controle. Mesmo que a ação tenha sido imposta para facilitar a sua operação, o cliente precisa visualizar que a ação foi implantada para facilitar o movimento dele, e não o do estabelecimento, pois ele é o verdadeiro motivo, ele é o seu maior marketing, o cliente não tem apenas razão, ele é a única razão.

5º) Valor agregado

Como já mencionado, as balas eram o carro-chefe, mesmo sendo os chicletes os mais procurados. Então, por qual motivo continuar investindo mais nas balas e não nos chicletes? Quando questionei meu pai sobre isso, ele me deu mais uma aula de Gestão e Estratégia do Negócio, e a resposta me doeu um pouco, pois, antes de responder, ele me fez refletir, fazendo outra pergunta:

– Qual é o nosso principal negócio aqui?

Eu respondi rapidamente e muito confiante:

– Vender doces?

Ele, ainda mais rápido, entoou para responder:

– Não, nosso negócio é proporcionar e promover entretenimento de alta qualidade.

Ou seja, nosso principal objetivo não era o baleiro (vender doces), mas, sim, a sala lotada. Mas o que o chiclete tem a ver com isso? Tem muito a ver, afinal o que as pessoas faziam ou ainda fazem quando acaba o açúcar da goma de mascar?

Exatamente isso que você está pensando, grudam embaixo da cadeira – e isso na melhor das hipóteses, pois já tivemos casos de meninas com cabelos longos reclamando que alguém havia jogado chiclete em seus cabelos. Imaginem se fosse hoje em dia, haveria um processo de corresponsabilidade na certa.

Pois bem, para evitar esses constrangimentos, era muito melhor vender coisas que as pessoas engolissem, no caso, tudo menos "goma de mascar", pois, mesmo sendo altamente lucrativa e atraente para o negócio, as consequências poderiam ser desastrosas.

Dessa forma, a lição aprendida é que, para se ter lucro de verdade, é preciso que o objetivo maior esteja claro para todos, que a rede funcione em cadeia e a cadeia funcione em teia, ou seja, de forma harmônica e equilibrada. Onde todos cuidam de tudo e de todos, não basta se preocupar apenas com o seu setor, é preciso gerar um mecanismo com começo, meio e fim, controlados e adaptados dentro dos padrões de qualidade previamente planejados e esperados.

6º) Metas claras e bem definidas

Certamente, não havia recompensa maior do que conseguir vender o que era mais difícil, pois produtos bons ou promocionais se vendiam sozinhos, difícil mesmo era comercializar os que vinham na cota, naquele tal mix de produtos. Na época, para conseguir comprar os produtos da moda, era necessário comprar lotes fechados, nos quais vinha uma variedade enorme de balas, doces, chocolates, pirulitos etc., ou seja, nem tudo era fácil de vender, e, por isso, sempre precisávamos de melhoria, de uma nova estratégia, ou até mesmo de uma boa promoção. Foi aí que entendi a diferença entre promoção e liquidação; promoção é quando você promove a venda de um produto com marketing, ações de divulgação, propagandas indiretas, exposições diferenciadas (destaque nas gôndolas), entre outras, já liquidação é quando há diminuição dos preços, queima de estoque, tomando-se, às vezes, até um pouco de prejuízo. A nossa ideia, naquele momento, era conciliar as duas coisas, ou seja, promover os produtos de difícil aceitação e liquidá-los sem prejuízo e, melhor ainda, com lucro, mesmo que pequeno.

Acredito que existam dois momentos impactantes nesse processo de vendas de produtos difíceis:

1º) ***Satisfação:*** o sentimento de conquista, de dever cumprido por ter efetuado uma venda bem-sucedida.
2º) ***Medo:*** o sentimento de dúvida, mas com a possibilidade de vitória, ou seja, "as vendas".

Em ambos os casos a meta é a mesma – as vendas –, mas existe uma zona de perigo às vezes imperceptível no início, que é a tal *zona de conforto*, o que não combina em nada com sucesso. A ZC (zona de conforto) pode te deixar muito distante das suas conquistas, pois, quando não se está comprometido com o todo, o medo pode te paralisar, ou o sentimento de satisfação por chegar rápido demais e também te acomodar para a sequência de tarefas que vem a seguir. Funcionário acomodado defende frases prontas, do tipo:

– *Eu fiz o que estava programado.*
– *O movimento estava fraco.*
– *A crise está geral.*

E esse sentimento de vitimismo não combina com sucesso, principalmente se, para obter sucesso, é preciso vender muito. Vendas combinam com coragem, disciplina, esforço, boa comunicação, ótimos relacionamentos, e tudo isso faz parte das metas claras e bem definidas, em que o colaborador conhece os dias de maior movimento e os dias fracos, sabe o que se vende sozinho e o que precisa de promoção ou até mesmo liquidação, conhece o público-alvo e seus recursos, tem informações de sobra sobre a empresa e seus procedimentos. A partir desse estágio, a escolha é dele, e sempre há mais que uma escolha, podemos apresentar duas aqui:

ESCOLHA 1: ZC = DESCULPAS + PREGUIÇA = FRACASSO

ESCOLHA 2: PROATIVIDADE = DISPOSIÇÃO + INTERESSE = SUCESSO

Se você se esconder atrás das desculpas, os problemas e as dificuldades se tornarão um monstro invencível, mas, se você se movimentar em busca de novas possibilidades, pedir ajuda, se unir a pessoas que também querem vencer, estudar sobre o assunto, buscar recursos internos e externos, souber trabalhar em equipe e, principalmente, tiver disposição para tudo isso, pode ter certeza de que as soluções virão. Foi assim que Einstein citou a célebre frase enquanto descobria a Teoria da Relatividade:

"Se você subir numa bicicleta e ficar parado tentando se equilibrar, com certeza irá cair, mas se subir e pedalar, conseguirá se equilibrar."

7º) Funcionários bem preparados
Enfim, chegamos na hora boa! Após seguir todos os passos e executar tudo o que foi planejado, vinha a recompensa. Eu imagino que você esteja pensando em quanto eu ganharia de bônus, qual seria a minha comissão pelas vendas. Muitos gestores de vendas acreditam que o vendedor só estará feliz se receber prêmios ao final de cada venda. Sim, isso é muito legal e motivador, desde que todo o processo esteja bem estruturado e os lucros sejam suficientemente altos a ponto de proporcionar esses prêmios. O que definitivamente não era o meu caso. Então como meu líder conseguiu me motivar? Como sempre, fazendo o simples, e essa é a "dica de ouro": seja claro, sincero e transparente, converse de maneira simples e direta, exponha todos os prós e contras, alinhe as expec-

tativas e dê *feedbacks* constantemente. Seguindo esses princípios, ele já havia estipulado meu salário desde a nossa primeira conversa, assim como todas as exigências e necessidades daquela função, ou seja, "combinado não sai caro". Mas então qual era o prêmio pelos meus esforços extras em pesquisar novos produtos, pelos vidros que eu limpava, pelas moedas de troco, por aquela tal meta do mix de vendas?

Estava sempre no futuro, pois meu sonho não era ser "vendedor de balas", meu sonho era ser "dono do cinema", e, sabendo disso, meu pai me motivava com a única estratégia que promove retenção e motivação de qualquer funcionário no mundo, que se chama Plano de Carreira. Sempre que eu fechava o mês com bons resultados, eu tinha direito a conhecer (estagiar) outro setor da empresa, assim, eu podia me aprofundar, ganhar experiência e me preparar para um dia assumir os negócios. Acredito fielmente que essa seja a melhor das motivações, saber que você pode mais, pode aprender outras funções, subir de cargo, crescer na empresa e, por que não, LIDERAR. Quando não se pode remunerar monetariamente os bons resultados, é preciso encontrar outras alternativas, pois a rotina é um grande adversário da motivação, portanto, treinar regularmente sua equipe, mostrar novos setores e novas tarefas, envolvê-la em projetos e sempre estimular novos aprendizados são fontes abundantes de motivação. Por isso, não se deve cometer alguns erros clássicos, como deixar de treinar os colaboradores, ou, pior ainda, treinar apenas uma parte deles, é preciso, por mais simples que seja, manter a equipe alerta, sempre com novidades e perspectivas de melhoria do negócio. Existem alguns empresários que ainda cometem erros maiores, pois acham que apenas empresas grandes podem treinar seus funcionários. Estes se escondem atrás de frases prontas, como:

– *Acho interessante essa ideia, mas a nossa realidade é diferente.*

– *Isso só dá certo para as grandes empresas, nós somos apenas uma empresa familiar.*

– *Não estou preparado para esses gastos agora.*

Quem sabe eles nem conheçam as forças e os benefícios que novos aprendizados podem trazer. E, com certeza, não sabem diferenciar gastos de investimentos.

Na verdade, eles se sentem bem estando acomodados, muitos são felizes na zona de conforto, nem todos têm interesse de crescer, pois o crescimento traz mais responsabilidades e riscos. Porém, aqueles que estão infelizes na ZC precisam se mexer, se reciclar, necessitam de novos ares, novos cursos, novos investimentos, enfim, precisam buscar novas possibilidades. Mas há aqueles que estão felizes na ZC e, com certeza, existem empresários que se sentem satisfeitos se a empresa ou o negócio apenas dá "lucro", mesmo que não seja do jeito que ele gostaria. Mais uma vez estamos falando de escolhas, ideais, missão e valores. Estamos falando das virtudes e defeitos, erros e acertos, entusiasmo e marasmo, sempre deixando clara a importância do livre-arbítrio.

Nada do que é forçado ou obrigado resultará em satisfação plena, mas o grande problema é que, em muitas ocasiões, ainda não se tem maturidade suficiente para fazer as escolhas certas, e acabamos por aceitar ou simplesmente nos submeter a determinadas situações, mesmo sem querer. Portanto, quanto mais cedo encontrarmos a verdadeira missão, mais cedo poderemos promover o equilíbrio das ações de todos que estão à nossa volta.

Costumo sempre reforçar que a vida é uma via de mão dupla; tudo que vai, volta. Posso até me arriscar a afirmar que volta ainda mais forte. Quando somos gentis, a gentileza volta em dobro; quando somos educados, a educação é expandida à nossa volta; quando fazemos algo bem feito, os bons resultados estão sempre nos acompanhando. Certa vez, ouvi Ayrton Senna, nosso ídolo eterno, em uma entrevista, após mais uma vitória na chuva, dizer o seguinte: "Quanto mais eu piloto na chuva, mais rápido eu fico quando ela para", ou seja, quanto mais procuramos nos sobressair nos momentos difíceis, mais prazer teremos em continuar nos doando em prol dos acertos em todos os outros momentos. Enfim, quanto mais procurarmos momentos felizes, lugares e ambientes seguros e confortáveis, formados por pessoas agradáveis, e, é claro, sermos também essas pessoas, sem dúvida alguma, a felicidade estará presente nesse ciclo, que eu chamo de "círculo virtuoso".

Capítulo II
O começo do fim – líder frustrado

Esse filme de sucesso não durou muito na minha vida. Comecei em 1984, com quase 10 anos, e fui até 1989, então foram mais ou menos cinco anos. Mas como assim? Será que não aguentei o tranco? Nada disso, tivemos grandes momentos, consegui atuar na bilheteria e também em alguns filmes – quando a censura permitia – na sala de projeção, mas o que nenhum proprietário de cinema daquela época contava era com uma concorrência tão nova e tão forte que estava chegando, um tal de VIDEOCASSETE. Veio como um *tsunami*, e eu me lembro, como se fosse hoje, dos meus amigos de escola falando:

– Não preciso mais ir ao cinema, pois agora meu pai comprou o filme e posso assistir quantas vezes eu quiser.

Era algo surreal, uma novidade incrível e completamente inesperada, mas os donos de cinema não acreditavam nessa força, tinham várias desculpas, como:

– *O aparelho é caro, e as fitas mais ainda.*

– *Quem vai trocar uma tela gigante, com som estéreo, por 20 polegadas de uma TV?*

– *As fitas só são vendidas nas grandes cidades, quem é do interior continuará indo ao cinema.*

Meu pai estava entre eles, é verdade que muito mais preocupado, pois absorvia mais fácil as mudanças e acreditava que, mais cedo ou mais tarde, essa nova tecnologia iria se firmar. Ele sempre dava os exemplos da televisão e do telefone, contava o quanto eles tinham evoluído. Imagina se ele estivesse vivo para ver o que um smartphone pode fazer hoje em dia. Mesmo assim, ele não escapou, foi fechando uma sala atrás da outra, os cinemas já estavam vazios, muitos ricos empresários quebraram, inclusive nós, que ficamos apenas com um cinema, o da nossa cidade natal, e, como eram muitos funcionários para demitir e indenizar, o desfalque foi bem maior do que esperávamos. Quer saber qual foi o primeiro aprendizado que tivemos com essa crise?

"Nunca deposite a produção de todos os seus ovos em uma única galinha".

Esta foi a maior falha daquele líder tão atento e à frente do seu tempo: nos momentos de fartura, continuamos investindo apenas nos cinemas, não diversificamos, não buscamos novidades, talvez não fôssemos tão atentos quanto imaginávamos ser, talvez não tenhamos olhado para o mundo exterior como ele deve ser olhado, podemos até dizer que a *zona de conforto* nos pegou. Mesmo com todas as qualidades já ressaltadas anteriormente, nós, seres humanos, buscamos sempre economizar energia, é fisiológico e até mesmo natural, o nosso cérebro busca diariamente e a todo momento economizar energia, porém o mundo dos negócios não perdoa, muito menos permite economizar energia, ele não distingue ninguém e sempre será implacável com o comodismo. Para mim, foi um golpe muito forte a queda dos cinemas, pois cresci nesse mundo, cresci vendo o meu ídolo delirar com os desafios e conquistas, eu queria ser como ele em todos os aspectos, e naquele momento de crise eu não estava preparado para o fracasso.

Não sei dizer como, mas meu pai não se abateu como nós, ele sofreu sim, e muito, pois dedicou metade de sua vida àquele ramo, mas seguiu em frente, pois as contas continuaram a chegar, então precisou sacudir a poeira e se levantar novamente. Essa lição marcou muito a minha vida, pois, enquanto todos estavam desesperados e sem rumo, o nosso líder estava ainda mais focado, determinado a encontrar uma solução ou, pelo menos, um novo caminho.

Em um desses dias de crise, vi o meu pai sozinho, de madrugada, sentado na cozinha da nossa casa, olhando para o nada, parecia que ele havia sido abduzido, fiquei até com medo de falar com ele, mas me aproximei e perguntei:

– Está tudo bem?

Ele me olhou fundo nos olhos por alguns segundos e disse:

– Precisamos sofrer um pouco, às vezes isso é bom para não nos acostumarmos demais com tantas regalias, é importante parar um instante, dar uma olhada em volta e dar o devido valor a tudo que temos e, principalmente, aos dias felizes que já vivemos.

Naquele dia não entendi muito bem a força daquele ensinamento, pois eu não estava sofrendo como ele, eu estava abatido, e só quem sofre por algo grande é que tem essa noção. E, de repente, ele completou a frase:

– Temos que tirar proveito de tudo isso.

E então o líder voltou ao comando, aproveitou a febre do videocassete e montou na própria sala de espera do cinema uma locadora de filmes para videocassete. Era muita ousadia, não era? Para ele, não, era aproveitar a onda e surfar nela, inverter os papéis, tirar mais um coelho da cartola, pois é isso que todos esperam dos líderes: iniciativa, criatividade, ousadia e proatividade.

Começamos, assim, uma nova era, mas agora sem extravagâncias (como as grandes reformas de antigamente), até porque não se tinha nenhum capital e, para recomeçar, tivemos que nos adaptar a uma nova vida. Tínhamos acabado de nos mudar para uma casa nova, que levou quase nove anos para ser construída, pois, como se ganhava muito dinheiro com os cinemas, construímos devagar e com tudo o que havia de melhor, mas a crise chegou ao final da obra, e, para sair do aluguel, nos mudamos sem o acabamento da casa concluído, com alguns cômodos ainda por terminar e sem nenhum móvel novo. Falando assim, parece que sofremos muito com tudo isso, mas, na verdade, nos unimos ainda mais, dormíamos todos em um único quarto, o meu pai não precisava mais viajar tanto, e estávamos cada vez mais unidos e felizes. Naquele momento de crise, aprendi que o dinheiro não compra FELICIDADE. Pode dar mais conforto, sim, é verdade, mas não traz o AMOR necessário para superar os momentos difíceis.

Percebendo que estávamos mais fortes, meu pai começou a fazer umas reuniões familiares para decidir sobre o nosso futuro. Ele fazia questão que todos participassem e opinassem, inclusive eu, que tinha 13 anos, meu irmão, com 10, e minha irmã, com 8. Todos nós dávamos ideias e sugestões, um tal de *brainstorming* (tempestade de ideias), e muitas decisões importantíssimas saíram dali.

Lembro que em uma dessas várias reuniões ele nos disse: "Vou ensinar vocês a escovarem os dentes". Todos nós rimos, mas logo percebemos que era sério. Ele pegou um tubo de pasta de dente *Kolynos*, daqueles amarelos, e perguntou:

– Por que vocês apertam no meio?

Nós respondemos em coro:

– Por que sai mais e é mais fácil, ué!

Então, com aquele sorriso de sempre, o mestre continuou:

– A partir de agora, vamos começar a apertar no final do tubo, mas apertar pouco, para sair pouco, pois muito flúor faz mal à saúde dos dentes e ao nosso bolso, precisamos economizar e remodelar todos os nossos hábitos, evitar todo e qualquer desperdício, cortar tudo o que seja supérfluo, e economizar ao máximo porque precisaremos levantar um capital para o nosso novo negócio.

Estava ali instalada uma gestão da crise. Hoje em dia, contratam-se consultores, mentores e *coaches* para isso, mas lá em casa uma só pessoa tinha tudo isso. Ouvimos tudo com muita atenção, mas, de repente, um de nós perguntou:

– Pai, você falou em novo negócio, mas não acabamos de abrir a locadora?

Rapidamente ele respondeu:

– Depender de apenas uma galinha já vimos que não deu certo, então iremos montar mais um negócio para complementar a renda e tentarmos reagir mais rápido a essa crise.

Então foi a vez do meu irmão, que sempre (até os dias de hoje) teve um faro aguçado para os negócios, perguntar:

– Mas que negócio será esse?

Ele, então, olhou no fundo dos nossos olhos e disse:

– Vamos decidir isso juntos e agora.

Nesse momento, minha mãe quase caiu para trás. Como assim, decidir algo tão sério, num final de semana e dentro do banheiro, é muita loucura, não acha? Para ele não era, pois sempre defendeu que, para tomar decisões criativas, é preciso estar longe do problema ou dos problemas (nosso caso), é necessário estar com a mente livre e limpa para deixar as ideias surgirem, porém não se pode perder o foco e o controle, por isso os mediadores são tão importantes, sejam eles internos ou externos; no nosso caso, o meu pai representava todos eles. E, sem pestanejar, ele olhou para a minha irmã e perguntou:

– O que você mais gosta de fazer?

Ela respondeu rapidamente:

– Amo dançar, quero ser bailarina.

– Meu amor, é uma ótima profissão, e com certeza você será uma excelente bailarina, mas, infelizmente, agora não teremos capital para abrir uma escola de dança, nem você tem idade ainda para virar professora.

Então ele olhou para mim e para o meu irmão e disse:

– E vocês?

Meu irmão, apesar de mais novo, sempre foi mais rápido do que eu, e prontamente respondeu:

– Quero ser peão boiadeiro e mexer com gado.

Acho que essa resposta nos pegou um pouco de surpresa, pois meu irmão era mais dos esportes radicais – o que veio a realizar no futuro, tornando-se piloto de *motocross* –, mas meu pai rapidamente respondeu:

– Outra excelente profissão, mas também nos faltará capital neste momento.

Chegou a minha vez e, cheio de entusiasmo, eu disse:

– Eu quero ser jogador de futebol. – Nada criativo, *não acha?*

– Pode ser que você também tenha sucesso nessa carreira, mas irá demorar para termos retorno com ela, e, nesse momento, estamos precisando de uma solução rápida e sem grandes investimentos – completou o mestre.

Foi nesse momento que nossa vida mudou, pois minha mãe havia se tornado a maior fonte de renda da nossa casa. Ela era professora do primário na escola pública, na verdade, uma das melhores escolas, pois ainda não havia escolas particulares, e ela era – e ainda é – muito respeitada e conhecida em nossa cidade, pois sempre foi extremamente ética e profissional em sua carreira, além de querida pelo sorriso fácil e alegria contagiante. Nesse momento, a pessoa que sempre concordava com tudo, que passava a mão em nossas cabeças, que muitas vezes não se manifestava, falou alto:

– Pera aí! E eu? *Não vai perguntar pra mim?*

O silêncio pairou por alguns segundos, todos nós ficamos pasmos e com os olhos arregalados, e ela continuou:

– Eu adoro cozinhar, principalmente doces, e acho que faço um ótimo arroz-doce.

Só para registrar, ela realmente faz o melhor arroz-doce do mundo!

Novamente o silêncio pairou, mas agora durou um pouco mais...

De repente, começamos a falar todos juntos que o arroz-doce dela era realmente muito bom mesmo, e, mais do que depressa, o líder nato se pronunciou:

– Tá decidido, vamos abrir uma doceria.

Não sei se existe essa nomenclatura, mas era assim que todos nós chamávamos a nossa casa de vender doces caseiros.

Capítulo III
Luz no fim do túnel – líder motivado

Após a reunião familiar semanal, começamos a planejar a nova empresa da família, pois a locadora não dava conta de assumir todas as nossas despesas, era apenas uma forma de apagar o incêndio causado pela quebra dos cinemas, mas o foco de calor ainda estava lá, e precisava ser controlado.

Começamos, então, pela melhor parte: o cardápio. Minha mãe era dona da melhor receita de arroz-doce, minha avó materna entrava com os doces típicos (abóbora, ambrosia, doce de leite, pé de moleque, coalhada e tantos outros), minha tia ficou com os bolos e nós, viramos degustadores. Enquanto acertávamos essa parte boa, o nosso exemplo de liderança estava na rua, captando recursos e abrindo novas possibilidades, pois estava à procura do imóvel para locar, mas, como sempre, ele tinha preestabelecido algumas condições e pré-requisitos, que, nesse caso, eram quatro:

1) **Boa localização:** o local precisava ser perto da praça central da cidade, lugar de maior fluxo de pessoas, pois era lá que os ônibus paravam vindos dos bairros e trazendo muitos clientes em potencial.
2) **Pouco espaço:** precisava ser pequeno. Para mim, era o requisito mais extraordinário do ponto de vista do meu pai, pois ele já tinha a estratégia de venda definida. Ele dizia: "Precisa ser um lugar pequeno, para que as pessoas não fiquem comendo lá, quero que elas comprem e levem para comer em suas casas ou até mesmo na praça, assim vamos ter mais giro e mais exposição dos nossos produtos". Mas a frase que eu mais gostava era: "Além disso, como o lugar será pequeno, sempre dará a impressão de que estará cheio e gente chama gente".

Ali estava criado o *drive thru* a pé numa cidade de aproximadamente 40 mil habitantes. Era muita visão de negócio, com uma linha de raciocínio objetiva e clara. Acredito que essa seja uma das grandes falhas de muitos novos líderes de hoje em dia, a dificuldade de se expressar, e não estou falando de oratória, mas, sim, de clareza de raciocínio, quando os liderados assimilam rapidamente a estratégia e, mais do que depressa, saem em busca dos recursos necessários para colocar tudo em prática.

3) **Custo fixo:** precisava ser barato, nem preciso explicar o porquê.
4) **Parceria de confiança:** precisava ser de alguém conhecido, pois o locador teria que confiar o pagamento para alguém que estava com muitas dívidas, no caso, nós.

Enfim, não seria nada fácil encontrar um local, e realmente não foi. Foram semanas procurando, e, a cada dia que passava, mais difícil a situação ficava, mas Deus ajuda quem cedo madruga, e aquela história de cidade pequena, em que a notícia se espalha, deu certo. Assim, um amigo farmacêutico nos disse:

– Tem um quartinho de depósito no fundo da minha farmácia, e a parede dos fundos dá para a Rua Direita.

"Rua Direita" é até hoje o apelido da principal rua de comércio da nossa cidade e faz esquina com a praça central. O dono deste "quartinho" era um senhor idoso e muito conservador, mas que conhecia todos na cidade, inclusive meu pai. Em resumo, o negócio estava fechado.

Alugamos o tal quartinho da bagunça, que media exatos 6x4 metros, ou seja, 24 metros quadrados, que era exatamente o que estávamos procurando. Basta saber procurar e, é claro, ter um bom relacionamento com a sociedade, pois esse é o primeiro requisito para ser um comerciante de cidade pequena, é necessário ser bem quisto, ou você nunca ouviu a frase: "O produto dele é melhor, mas o dono é muito chato", ou então: "Não abasteço naquele posto mesmo o combustível sendo mais barato, pois os frentistas são mal-educados"? Essas coisas parecem apenas de cidade pequena, mas hoje, com a multiplicação imediata de "fofocas digitais", devemos nos preocupar ainda mais com esse tipo de "fama".

Realizamos uma reforma simples. Ganhamos alguns materiais, como uma porta de madeira e vidros grandes, que colocamos na entrada, trocamos o piso e revestimos as paredes com modelos variados de cerâmicas, o que os arquitetos chamam hoje de mosaico, mas os nossos eram pisos e revestimentos vindos de pontas de estoque, alguns haviam sobrado da construção da nossa casa e estavam guardados há muito tempo e até vindo de doações de amigos, enfim, economizamos tudo o que poderíamos na infraestrutura civil, pois o pouquinho de dinheiro que levantamos era com a venda do carro da família, e precisávamos ainda investir nas geladeiras (expositores), freezers, balcões e em todos os utensílios de que necessitaríamos.

Tudo ficou pronto em tempo recorde. Tivemos que praticamente passar o cinema, pois simplesmente entregamos "de graça" para um empresário da capital, que assumiria as últimas dívidas que ainda tínhamos e honraria com os compromissos pendentes com os funcionários remanescentes. Mas então por que tanta pressa? Nossa locadora ficava dentro do cinema, então ela também ficou para o novo proprietário, ou seja, a nossa única fonte de renda havia entrado no negócio, porém estava tudo dentro do planejado, pois a primeira meta do meu pai era recomeçar sem dívidas e ainda honrar com os funcionários que haviam sido leais a ele por tantos anos.

Inauguramos sem grande glamour, pois uma das tantas teses do meu pai era o perigo que uma inauguração pode causar, pois, sem que tudo estivesse completamente pronto, sem a equipe devidamente treinada, sem um estoque extra para atender uma possível grande demanda, poderia queimar a imagem do lugar já em seu primeiro dia. Como não estávamos tão estruturados, apenas abrimos as portas num sábado qualquer, com alguns refrigerantes e água sem gás nas geladeiras, no balcão seco, os doces caseiros da minha avó e os bolos de pão de ló da minha tia, no balcão refrigerado, os donos da festa: pudim de leite condensado e o arroz-doce da minha mãe.

Atrás do balcão havia cinco funcionários. Como assim? Cinco pessoas para um local com vinte e quatro metros quadrados? Sim! Um para a limpeza mais pesada, meu irmão; um para pia, copos e talheres, minha irmã; um para o caixa, meu pai; e dois para o atendimento, eu e minha mãe. Estava montada a equipe de inauguração da doceria *Doces Caseiro*. Não me perguntem por que "caseiro" não foi para o plural, mas era assim e pronto.

Nossa intenção era abrir a doceria junto com o comércio local, por volta das oito da manhã, e fechar um pouco mais tarde, para que os funcionários fossem até lá após o expediente, mas não deu tempo, o sucesso dos doces foi tanto que antes do almoço já não tínhamos mais nada para vender, foi algo inimaginável, uma sensação tão boa e prazerosa, que, eu posso garantir, vicia. Essa sensação de missão cumprida, de reconhecimento, de sucesso vicia com uma velocidade incrível, acredito que por isso os empresários e empreendedores de sucesso nunca se aquietam, estão sempre envolvidos com novos projetos, com novos sonhos, pois o que os move de verdade é uma palavra chamada realização.

Realizar, mesmo que seja por necessidade, como era o nosso caso, sempre traz esse sentimento de orgulho, é como passar na prova do vestibular mais concorrido, é como ser aceito no primeiro emprego, ou, até mesmo, receber um sim da garota que sempre gostou na época de escola, é uma mistura de sentimentos retratados em seus esforços, dedicação, suor e, claro, amor pelo que faz.

Porém, enquanto todos nós estávamos em êxtase, nas nuvens com todos esses sentimentos prazerosos, um de nós estava paralisado por outros motivos. Sim, o nosso líder nato não estava comemorando, pelo contrário, estava inconformado por não ter sido mais ousado; enquanto todos nós estávamos satisfeitos, ele estava frustrado por não ter se preparado mais.

Naquele momento, eu vi a clara diferença entre quem é comum e quem se difere do bando. Todos éramos do mesmo bando, mas apenas um tinha condições de liderar naquele momento. Quando isso é percebido pelos subordinados, a equipe se torna muito mais forte, e foi exatamente o que aconteceu. Assim que percebi a situação, perguntei:

– E agora, chefe, o que faremos?

A resposta veio com vários questionamentos:

– *Conseguiremos produzir quanto a mais por dia?*
– *Quanto tempo eles duram na geladeira caso não sejam vendidos?*
– *Quais foram os horários de pico?*
– *Precisaremos de mais funcionários ou daremos conta?*

O *checklist* pós-atividade é prática comum em muitas empresas e ignorada em muitas outras, mas, a meu ver, é indispensável para todas, desde aquela empresa familiar, como a nossa, até a multinacional. Entender o que aconteceu com riqueza de detalhes, ouvir todos os envolvidos, ouvir os clientes, parceiros e fornecedores, se possível, quando essa engrenagem maior funciona, todas as microcélulas também funcionam, pois cada setor ou área precisa de uma referência, dos números, das metas e, principalmente, da aceitação, seja do produto, do serviço ou até mesmo dos relacionamentos.

"O que não pode ser medido, não pode ser gerenciado."

Célebre frase de William Edwards Deming (notável estatístico, consultor, conferencista e professor norte-americano).

Para quem vive no mundo corporativo, há vários nomes para essas práticas, como: Lição Ponto a Ponto, Análise Pós-Venda, Curva de Resultados, mas o nome que mais me atrai, sem dúvida, é "Lições Aprendidas".

Dessa forma, levantamos todos os números possíveis, fizemos várias pesquisas informais com aqueles mais conhecidos que haviam comprado naquele dia tão especial e continuamos a trabalhar. Queríamos comemorar, mas, após a indignação do chefe, a euforia passou e deu espaço novamente à preocupação, pois no outro dia era domingo, dia em que a doceria ficaria aberta por um longo período, e as pessoas sempre querem uma sobremesa especial nesse dia, ou seja, se o planejamento para sábado já havia sido um fracasso, como seria no domingo?

Imediatamente o líder nato mudou os horários de atendimento para um período menor, pelo menos para aqueles primeiros dias, e fez contato com outras confeiteiras e até mesmo padarias que eram nossas concorrentes, mas que não abriam aos domingos. Para eles, também seria bom não ficar com estoque parado, seria um ganha-ganha, que é sempre bom para todos.

Líder que é líder não perde tempo lamentando nem comemorando muito, pois sabe que tudo passa, tanto os bons quanto os maus momentos. Por isso, muitas vezes ele fica com fama de chato, pois, após uma conquista, quando a maioria quer comemorar e esquecer que existe segunda-feira, ou quer chorar por algo que deu errado, com aquele sentimento de coitado, de que não fez por mal, que não merecia, quando, na verdade, ninguém erra querendo errar, mas, na maioria das vezes, isso tem nome, chama-se incompetência, falta de preparo, falta de recursos, de treinamentos, de experiência, de comprometimento e por aí vai. Porém, quando tudo isso é rapidamente identificado e as pessoas se unem para resolver, o caminho para o sucesso começa a ficar mais claro; ainda longe, é verdade, mas já com melhor visibilidade.

Foi assim que passamos bem por aquele primeiro domingo, baixamos as expectativas e trabalhamos duas horas a menos do que o programado. Faltaram, sim, alguns doces, mas agora tínhamos outros para oferecer. Até comemos alguns após o jantar, e eu me lembro de que foi a melhor de todas as sobremesas que já comi na minha vida, não lembro nem o que era, mas hoje, mais de trinta anos depois, sinto a mesma sensação de prazer como naquele dia, ao ver meu chefe, meu líder, meu ídolo, meu pai, feliz.

Dali em diante, cada dia era um novo aprendizado, um novo pedido ou uma nova reclamação de algum cliente. Estávamos com uma enorme dificuldade para encontrar um padrão para as receitas, pois, como as cozinheiras eram amadoras, nem sempre ficavam iguais, com o mesmo sabor. Como dizia minha avó: *"Dependendo do dia, eu acerto o ponto do doce de abóbora".*

Mais um problema para o Superlíder, enquanto todos esperávamos treinamento para as cozinheiras, receitas prontas com todas as medidas mensuradas, ou até mesmo a contratação de um perfil "modelo-padrão" de confeiteira, o que faria uma franquia nos dias de hoje, padronizando tudo. Bem, isso era o que nós esperávamos, mas novamente veio o olhar diferenciado, e a mensagem foi clara mais uma vez:

– Esse é o grande atrativo do nosso negócio, surpreender as pessoas, sempre com novidades e novos sabores. – E ainda completou: – Quanto mais mudar, melhor será.

Hoje, vejo isso acontecer com as redes sociais. Por que essa febre, loucura ou até mesmo dependência por elas? É simples de responder, ninguém quer cair na rotina, e em nenhuma situação ela é atraente; somos movidos por estímulos, e os estímulos são movidos por novidades e desafios, por isso viciamos tão rápido em todas essas plataformas digitais, pois a cada milésimo de segundo existe algo novo sendo postado, curtido, comentado e compartilhado.

A primeira motivação vem da curiosidade do novo desafio, seja ele um novo emprego, um novo projeto, uma nova cidade, enfim, o novo nos atrai.

Dessa forma, ficou muito claro para todos nós a importância da visão e da missão da nossa empresa, e, é claro, do nosso líder. Desde o primeiro momento estávamos pensando em lucro, pois precisávamos dele para sair da crise, mas esse tal de lucro não pode nem conseguirá vir antes do propósito. Era muito nítido que éramos uma empresa extremamente familiar, mas com um líder muito à frente do nosso tempo, e, com ele, aprendemos a olhar tudo sob várias óticas, sempre querendo novidades, inovações, novos desafios... Tudo isso se tornou parte de nós. Quantas vezes nos pegamos inventando receitas ou simples combinações? Você já experimentou pudim de leite condensado com sorvete de creme? Ou arroz-doce com sorvete de coco? Dentre muitas outras combinações esquisitas, a visão do empreendedor sempre é a inovação, seja ela nas receitas, nos produtos ou na forma de gestão interpessoal, é assim que ele vê o futuro. E a missão não é apenas o lucro, é atender às necessidades das pessoas; se você não atende bem, ou sua concorrência atende melhor, pode ter certeza de que o lucro não virá, por isso, o lucro é a consequência da missão bem executada, o que chamamos hoje em dia de MANIFESTO.

Quando ouvi pela primeira vez o lema do BOPE: "Missão dada é missão cumprida", me veio à tona um número muito alto de lembranças do meu pai, pois ele não tinha nenhuma habilidade em frases de efeito, ou jargões motivacionais, mas tinha em sua essência o poder de transformar coisas simples em metas audaciosas, e hoje eu entendo o porquê. Como sabemos, existem dois tipos de liderança: pelo poder e pela autoridade, e muitos outros livros podem tratar desse tema com mais propriedade, mas vou deixar aqui a minha contribuição vivencial.

Quando se lidera pelo poder, o medo e o sentimento de culpa estarão sempre em evidência. As frases de poder são:

– *Faça isso dessa forma, caso contrário...*

A pergunta do líder de poder é: "Quem derrubou a peça?". Mas o correto seria: "Por que a peça caiu?".

O Poder precisa achar um culpado, precisa pôr pressão para que as pessoas façam, e façam dentro dos prazos e batendo metas, mesmo que isso seja prejudicial à convivência e até à saúde das pessoas.

Em contrapartida, temos a liderança por autoridade, que mostra a importância do bom entendimento, que precisa que as pessoas pensem, descubram novas formas, desenvolvam novos métodos, pois a palavra de ordem é conhecimento. Quanto mais conhecedores do assunto, do produto, do mercado, da concorrência, do país, das equipes, mais autoridade teremos para inovar, pois não existe inovação sem conhecimento. Precisamos de pessoas preparadas e com grande capacidade de atualização e renovação, pois aqueles que acham que já sabem o suficiente serão os primeiros a cair na tentação do poder. Autoridade não tem nada a ver com vaidade, pois, para se manter atualizado, é necessário o quinto hábito do livro de Stephen Covey – *Os sete hábitos das pessoas altamente eficazes*, cujo material se tornou um manual de bolso no meu cotidiano –, que é: *Compreender para ser compreendido*, ou seja, ouvir mais do que falar, ouvir para entender de fato o que o outro precisa, e ainda ter a habilidade de transformar as palavras em ações, pois oratória sem ação é igual a nada.

Por isso é tão importante divulgar e, principalmente, praticar a visão, a missão e os valores da empresa. São essas práticas que definem a cultura empresarial daquele lugar.

- **Nossa visão:** construir um negócio rentável, composto por estratégias equilibradas e que atendam às necessidades dos nossos clientes.
- **Nossa missão:** sempre surpreender com novos sabores, através de produtos de altíssima qualidade, feitos por pessoas do nosso convívio, que fazem tudo com muito AMOR.

Você pode estar se perguntando: mas e os valores? Pensei que talvez não precisasse mencionar, pois falo deles desde o primeiro parágrafo deste livro, por isso escolhi a minha família como exemplo para demonstrar que sem valores nada pode dar certo. Sempre me questiono por que as empresas precisam divulgar seus valores. Para reforçar suas regras? Para firmar seus compromissos? Ou para sanar suas dúvidas?

Para mim, os valores são como os mandamentos, não podem ser quebrados, pois são o norte, o porto seguro, são as diretrizes que transcendem o lucro, aquilo que o dinheiro não é capaz de comprar. É a base de todas as escolhas e decisões, o que para muitos também pode ser chamado de princípios ou ética.

- **Nosso principal valor:** Integridade, sendo sempre honestos, transparentes e genuínos. E falar a verdade, mesmo quando a falha for nossa, será sempre o nosso maior valor.
- **Começar foi fácil – Manter nem tanto**

"Negócio bom é negócio sustentável."

Estávamos indo muito bem com o novo negócio. Como havíamos inaugurado em julho do final da década de 1980, com as temperaturas muito baixas (é uma região fria do estado), os doces eram sempre uma excelente opção. Porém, depois de três meses, em novembro, nossas vendas despencaram. Era um calor que não estávamos esperando, e eu não me lembro de algum dia ter feito tanto calor em nossa cidade, até porque ninguém estava acostumado com as temperaturas tão altas. Assim, os doces não suportavam a temperatura, derretiam, ficavam feios, tortos, enfim, nossa primeira crise havia chegado.

A reunião semanal estava marcada, e as perguntas foram as mesmas de sempre:

– O que vocês gostam de fazer no calor (verão)?

Para surpresa do líder nato, a resposta foi unânime:

– Tomar sorvete!

Mas como fabricar sorvete com as condições que tínhamos?

- Pouco espaço para equipamentos adequados
- Sem equipamentos adequados
- Sem funcionários especializados
- Sem experiência no ramo
- Sem estrutura operacional
- Mas quem falou em fabricar? Estávamos falando apenas de vender. E então veio a segunda pergunta:

– Qual o sorvete mais gostoso que vocês já tomaram?

Outra resposta unânime:

– Sorvete de morango do Palácio do Sorvete de Tatuí.

Preciso abrir um parêntese aqui para explicar como o sorvete de Tatuí entrou nesta história.

O município de Tatuí está a aproximadamente 100 km da nossa cidade, Capão Bonito. Nos tornamos frequentadores semanais dessa cidade quando meu pai e meu tio Fernando Blóes (em memória) nos matricularam nas aulas de música no *Conservatório Dramático e Musical de Tatuí Dr. Carlos de Campos*, um dos mais respeitados do país. Sim, eles matricularam seis crianças – eu, meus dois irmãos e nossos três primos –, numa cidade a mais de 100 km de distância, para aprender flauta transversal, sem que nenhum de nós tivesse dom ou interesse para essa arte. Você acha loucura?

Mas a origem dessa "loucura" veio de um testamento. Meu avô paterno veio da Itália e, infelizmente, morreu muito jovem, mas deixou um legado para nossa cidade e para nossa família: ele era músico e maestro, e formou a primeira banda de Capão Bonito, nos deixando como herança uma flauta transversal banhada a prata, porém só se tornaria proprietário dessa relíquia o primeiro sucessor que aprendesse a tocá-la. Daí a loucura em nos matricular no Conservatório de

Tatuí. Mas os irmãos Blóes eram tão unidos, que queriam dar a mesma oportunidade para as duas famílias, assim, nada mais justo que todos entrassem juntos e compartilhassem das mesmas oportunidades, aquela famosa frase: "Que vença o melhor". E aconteceu dessa forma, dividimos dois anos de viagens semanais, paradas no caminho, lanches na praça, com o sorvete de morango do Palácio do Sorvete de sobremesa, assim como o nosso convívio nas aulas teóricas, que eram muito chatas. Na verdade, eles estavam pensando muito além da flauta. Eles pensavam no legado que iríamos ter com essa convivência entre irmãos e primos. E eles conseguiram, nossos pais nos deixaram muito mais unidos com essa experiência. Hoje, somos padrinhos dos filhos uns dos outros, fazemos Natal fora da data para que todos possam participar, não abrimos mão da presença um do outro nos aniversários dos nossos filhos, enfim, para quem achava que era pela herança, se enganou, pois, na verdade, era pela família, pelo nosso futuro, para que mais uma vez entendêssemos os valores mais importantes da vida, que, no caso dos irmãos Blóes, sempre foi a "família".

Mas quem ficou com a flauta? Meu primo Otávio Blóes, hoje um dos flautistas mais respeitados do país e professor do conservatório no qual foi aluno, além da minha prima Cristiane Blóes, que também continuou na música e se tornou uma referência no piano clássico. Ambos se tornaram o maior orgulho da família ao darem continuidade ao legado do nosso avô, pois sabemos que a flauta era só o instrumento.

Foi assim que conhecemos o delicioso sorvete de morango de Tatuí, e começou o maior desafio do nosso líder na segunda fase da doceria, que era levar os sorvetes de Tatuí para Capão Bonito. Após essa primeira reunião, na qual decidimos que iríamos vender os tais sorvetes naquele verão, as dúvidas e os questionamentos começaram a surgir:

– *Será que a sorveteria estaria disposta a revender seu produto?*
– *Será que aquele empresário, que já era tão bem-sucedido em sua cidade, queria expandir ainda mais seus negócios?*
– *Será que seria mesmo um bom negócio?*

Mesmo que todas as respostas fossem favoráveis, o negócio ainda não estaria fechado, pois a mais complexa das dificuldades seria a logística, com o transporte dos sorvetes entre as cidades.

Mas essa era uma missão para o nosso líder. A primeira coisa a ser feita era levantar todas as possibilidades, problemas e possíveis soluções, depois afinar a estratégia comercial e resolver a logística, que, no caso, era o nosso maior desafio. Não à toa, o setor de logística é um dos segmentos corporativos que mais cresce ao redor do mundo, pois a comunicação deu um salto astronômico com a facilidade das compras *on-line*, mas fazer o produto chegar até a casa dos consumidores não é tarefa simples, pois, além da entrega dentro do prazo, é necessário que ele esteja em boas condições. Podemos ver esse sucesso em empresas como *Mercado Livre* e *Amazon*. Elas se tornaram referência em logística e a consequência foi um aumento exponencial de vendas que nunca havia se visto antes.

Pois bem, fomos à luta. Meu pai e eu fomos designados para ir até a sorveteria em Tatuí para tentar iniciar as negociações. Foi a primeira grande negociação da qual participei, ainda como ouvinte, mas sem perder nenhuma vírgula; foi incrível ver dois homens de mais ou menos 40 anos, calvos, fora de forma, baixinhos e de óculos estilo BL caçador (armação dourada e lente esverdeada). Juntos, pareciam irmãos e foi no que se transformaram, além de amigos e sócios. Mas no início não foi bem assim. Era de se imaginar a desconfiança daquele empresário bem-sucedido no ramo das gelaterias, que, após ouvir duas horas de explicação, perguntou ao meu pai:

— Deixa ver se entendi. Você está me dizendo que abriu uma casa de doces de 24 metros quadrados, apenas com recursos próprios, sem nenhuma *expertise* no ramo, com o objetivo de se reestruturar financeiramente após uma grande crise gerada pela falência com os cinemas, que seus funcionários são seus filhos e sua esposa, seus fornecedores são sua sogra, alguns parentes e amigos, e que quem decidiu que tomar sorvete é a coisa mais gostosa de fazer no verão foi sua filha de oito anos e seus dois filhos, um de dez e o outro de doze anos, e, ainda de quebra, o meu sorvete de morango foi eleito o melhor que eles já experimentaram. É isso? Então, só posso te dizer duas coisas: primeiro, você é o empresário mais louco e corajoso que já conheci; segundo, quero estar o mais próximo possível dessa loucura.

Dito isso, os dois começaram a rabiscar no guardanapo as possíveis estratégias para viabilizar o negócio. Pareciam crianças tentando inventar uma nova brincadeira, pois, quando se trabalha com prazer e alegria, o trabalho se torna leve e prazeroso. Sabe como o mundo corporativo chama isso hoje em dia? Sinergia, pois não é apenas se dar bem com as pessoas à sua volta, às vezes nem gostamos tanto assim delas, mas a causa é tão maior, que queremos compartilhar, são aquelas coisas que de fato nos impulsionam a seguir em frente e a atrair mais adeptos a cada novo projeto.

Havíamos chegado a Tatuí muito mais preocupados do que esperançosos, pois era uma ideia muito doida mesmo. Havia muitas dúvidas, e uma delas era se seríamos recebidos, mas tínhamos uma única certeza: "O não nós já temos, então vamos à busca do sim". Parece até um clichê de autoajuda, mas, pode acreditar, é um jeito muito fácil de seguir em frente, sempre olhar para o sim, ser otimista, porém tendo o cuidado de não parecer lunático demais. Acho que foi esse meio-termo que fez aquele empresário acreditar no nosso potencial, ele viu um tanto bom de loucura nas propostas do meu pai, mas viu algo raro, que é o entusiasmo em querer vencer, fazer diferente, fazer mais com menos, são ações que contagiam e provocam ótimas reflexões. E, depois de algumas horas de muitas ideias, o empresário me tocou no ombro e disse:

— Se eu tivesse a força de vontade e o entusiasmo do seu pai, eu seria milionário.

Com meus quase 13 anos, olhei para ele e perguntei:

— Mas você *não é*?

Hoje, consigo responder o que aqueles olhos me disseram naquele dia: dinheiro, patrimônio, bens não são sinônimos de sucesso ou riqueza, o que de fato buscamos na vida é combustível para seguir em frente, combustível propulsor de motivação, e cada um precisa encontrar o seu. Este é o grande segredo do sucesso: encontrar o motivo. Ser feliz na trajetória, e não no FIM.

Quer saber mais? Esse combustível é renovável. Quando você achar que o encontrou, vem a melhor parte, que é descobrir que achá-lo não significa o fim, mas apenas o começo. Você já ouviu a frase "A vida começa aos 40"? Então, tem a ver com idade, sim. Segundo Rudolf Steiner, filósofo, educador e antropólogo austríaco, criador das escolas Waldorf, a vida se divide em setênios, ou seja, ciclos de sete em sete anos, nos quais devemos viver cada fase e explorá-la em sua plenitude. Posso me arriscar em resumir ou apenas dar minha visão desse estudo tão rico de Steiner: dos zero ao sete anos vem a primeira infância, quando o descobrimento é a palavra de ordem, vivemos tudo com a intensidade da primeira experiência; dos sete aos quatorze, vêm as experiências mais íntimas, em que o corpo é o nosso laboratório de muitas transformações; dos quatorze aos vinte e um, ocorre o contato com as frustrações, as primeiras perdas, muito mais afetivas do que intelectuais; dos vinte um aos vinte e oito, vem a busca por conhecimento, pelo encontro com a identidade técnica; dos vinte e oito aos trinta e cinco, esses conhecimentos precisam ser aplicados, o profissional formado precisa gerar resultados; dos trinta e cinco aos quarenta e dois, parece que esses conhecimentos e experiências se tornaram ultrapassados ou até mesmo escassos, e novos conflitos e frustrações aparecem com muita energia; e, a partir dos quarenta e dois, vêm a maturidade e a clareza em saber o caminho, mas não estou falando de saber qual o caminho, e sim saber aonde quer ir, por isso, a vida começa e recomeça sempre que o destino é modificado, mas a força e o entusiasmo para procurar o caminho certo são a grande motivação para viver em harmonia consigo mesmo e, consequentemente, com as pessoas à sua volta.

Ficou claro como água que naquele momento, bem ali na minha frente, estavam dois perfis diferentes de profissionais.

De um lado, o empresário conservador do ramo de sorvetes, que viveu uma vida sempre muito regrada, com os pés no chão, sem nenhuma extravagância, e construiu uma empresa estruturada e lucrativa, mas sempre com olhos atentos e braços fortes para o que der e vier – duvido até que ele já tivesse tirado férias ao longo de sua jornada, pois tem o perfil de quem acredita que, caso se ausente de sua empresa, os funcionários não darão conta ou, até pior, poderiam relaxar demais e comprometer os resultados, ou seja, ele é o dono e também o principal funcionário, tem o comando, o controle e o poder (lembra dele?), e ainda faz questão dessa hierarquia, a qual é chamada de *Empirismo*.

Do outro lado, bem à sua frente, estava o empreendedor visionário, que com certeza perdeu mais do que ganhou – financeiramente falando –, mas conheceu muitas possibilidades e alternativas, arriscou-se em inúmeros projetos e, mesmo quando obteve êxito, não estava totalmente satisfeito, pois o grau de exigência era sempre alto. Certamente também nunca havia tirado longas férias, mas por outros motivos, tem o perfil de quem não consegue ficar sem fazer nada, dificilmente se afasta do local onde é produtivo, quer sempre trabalhar, pois, para ele, trabalho é sinônimo de produtividade, produtividade é sinônimo de realização, e realização é sinônimo de prazer. Esse perfil inquieto também tem nome, chama-se *Efetividade*.

Mas é claro que alguma coisa eles tinham em comum, e a cada nova frase, ideia, experiência relatada por um ou pelo outro, ficava mais aparente que nenhum dos dois perfis é soberano quando falamos em parcerias de sucesso, fica clara a importância de eles se unirem, pois um completava o outro, e vice-versa. Era o empirismo se unindo à efetividade, e, para equilibrar, eles precisariam aguçar as qualidades da *eficiência* e da *eficácia* (o miolo) para que o resultado final fosse bem-sucedido, pois sonhos e ideias visionárias, somados ao alicerce estruturado das regras e metodologias aplicáveis, e acompanhados da boa estrutura (física, técnica e financeira), dificilmente não atingirão bons resultados.

Por isso tantas empresas se fundem hoje em dia e, por isso também, falamos tanto em diversidade, o que não tem a ver apenas com orientação sexual, cor da pele, religião ou algo assim, diversidade vem de diversos, e, quanto mais diversas forem as nossas equipes, mais possibilidades teremos de formar uma equipe *eficiente* e *eficaz*, são mais pares que se completam, mais grupos que divergem para o crescimento do todo, porém é necessário muita maturidade para que o conflito não se torne um confronto, precisamos de líderes e de gerentes trabalhando juntos.

Hoje em dia, algumas empresas em que eu presto meus serviços adotaram como valor Divergências Construtivas, um nome forte e que fortaleceu mais uma das inúmeras frases famosas do Cortella: "Queremos o conflito para evitar o confronto". Ou seja, queremos o conflito de ideias, atitudes, pensamentos, interesses, para evitar o confronto, que pode ser um acidente de trabalho, um prejuízo financeiro ou, ainda, o rompimento de um relacionamento pessoal.

Quando puxo pela memória aquele dia na sorveteria em Tatuí, me fortaleço ainda mais nesse conceito, pois vi, ouvi e presenciei dois perfis completamente diferentes, com trajetórias distintas e sem nenhuma influência entre elas, que, como num passe de mágica, se transformaram em parceiros, amigos, sócios, o chamado "amor à primeira vista", hoje em dia também conhecido como EMPATIA.

E, após algumas horas de rabiscos nos guardanapos, tínhamos ali um leque de possibilidades, estratégias e dúvidas, por exemplo: será que os sabores mais vendidos em Tatuí seriam também os mais vendidos em Capão Bonito? Será que a nossa praça comportaria os mesmos valores aplicados ali? Além de questões como a temperatura dos freezers (mesmo sem ainda termos um) e o uniforme dos funcionários, enfim, todas as informações que eram necessárias para vender sorvetes. E parecia que tudo estava caminhando muito bem, até o momento em que o empresário conservador respirou fundo e disse:

— Até aqui tudo lindo, mas como vamos manter a temperatura desses sorvetes por mais de uma hora durante esses cem quilômetros de distância?

Aqueles segundos de silêncio pareceram uma eternidade, como se não houvesse uma resposta coerente, mas então o empreendedor audacioso disse uma das frases mais típicas desse perfil:

— Essa parte deixa comigo, vou dar um jeito.

Você já ouviu isso? Do seu chefe, do seu encarregado, do seu líder, ou até mesmo daquele colega de trabalho sempre mais proativo? Com certeza sim, mas tem uma diferença muito grande entre o oportunista, que quer apenas a chance de tentar, sem ter ao menos a noção de por onde começar, e o idealizador, que recebe imediatamente uma enxurrada de ideias e possibilidades em sua cabeça, e, mais do que depressa, começa a falar sobre todas elas, numa velocidade assustadora. A impressão era de que ele já tinha pensado em tudo isso antes, mas não, para ele, a complexidade do problema se torna um gatilho para novos horizontes. A criatividade entra em cena, uma criatividade instintiva, sem medo de errar ou se frustrar, com muito apetite de tentar.

Foi nessa situação que a metralhadora de ideias e possibilidades do nosso líder nato começou a disparar:

— Venho buscar de carro mesmo, pois no início vamos levar em pequenas quantidades, apenas um balde de cada sabor, pois precisamos primeiro sentir a demanda. Vou tirar os bancos traseiros do carro, colocar caixas grandes de isopor, e venho de madrugada para voltar ainda muito cedo e fugir do calor. Também vamos colocar gelo em sacos para manter a temperatura.

Na época, não se vendia gelo ensacado em postos de combustível. Aliás, quem teve essa ideia? Congelar água, ensacar e vender... Genial! Mas, voltando às ideias do nosso líder:

— *É possível embalar em baldes menores? Para facilitar esse transporte?* – perguntou ele.

A resposta para essa pergunta foi imediatamente negativa, pois precisaríamos de mais investimento para comprar essas embalagens menores, e só utilizaríamos essas embalagens por um período muito curto de tempo. Mesmo assim, nosso líder insistiu, argumentando que poderíamos usar embalagens caseiras mesmo, não precisaríamos investir, era só uma adaptação momentânea, também conhecida como "gambiarra", palavra essa tão temida nas áreas de produção, manutenção e segurança do trabalho. Mas por que esse medo todo? Porque, quando a gambiarra não é apenas por um tempo emergencial, se transforma num risco iminente. Muitos funcionários experientes, que conhecem os atalhos, querem se livrar do problema imediatamente e a gambiarra se torna uma ferramenta poderosa para isso, mas, se ela funcionar bem, quem sabe ficará ali até uma nova quebra acontecer, e é aí que está o maior perigo: confundir gambiarra com criatividade. Devemos ser criativos nos momentos de crise, mas, se existe uma maneira correta de se fazer, é preciso ser feito o mais rápido possível.

Enfim, tudo estava alinhado, e, depois de encontrarmos algumas soluções provisórias, voltamos para casa em completo silêncio. Foram quase duas horas de viagem, para percorrer cem quilômetros, o que eu achei estranho, pois normalmente a viagem não durava mais que uma hora e quinze minutos, mas curti cada quilômetro daquela viagem demorada. O semblante do meu herói era calmo e sereno, parecia que ele estava assistindo a um filme, e o silêncio entre nós era uma música de sucesso; foi realmente um momento mágico, aquela sensação de ter apostado na ideia e ter sido retribuído com a possibilidade de ela se concretizar. Ainda não sabíamos se iria mesmo dar certo, mas só a chance real do sim já era nosso combustível. Lembra-se dele?

Porém, nessa escola em que eu tive o privilégio de estudar todos os dias, tendo como mestre aquele empreendedor "fora da curva", nada era apenas como parecia, e, quando encostamos o carro na garagem da casa do meu tio (naquele momento estávamos sem carro, e esse era emprestado do tio Fernando, tínhamos apenas os balcões e as geladeiras da nossa casa de doces, que eram resultado do carro que tínhamos vendido), ainda em silêncio, ele desligou o carro, abriu os vidros e permaneceu em silêncio, assistindo àquele filme imaginário por mais alguns minutos. Então ele olhou no relógio, esperou mais alguns minutos e abriu a porta para sair. Nesse momento, como que para quebrar o clima, comentei:

– Demoramos, hein?

Meu pai já estava com um dos pés para fora do carro, então se voltou para mim, me olhou e, com um sorriso no canto dos lábios, disse:

– Você percebeu? Sim, foi de propósito, voltei mais devagar para simular quanto tempo irei demorar com o carro cheio, bem mais pesado em virtude dos baldes de sorvete.

O empreendedor que não para nunca, não deixa de pensar, de agir, de testar, de dividir e, principalmente, de tentar novas alternativas, pois são elas a maior fonte de inspiração e motivação. Para ele, novas alternativas abrem sempre um leque para possíveis novas melhorias e, claro, novas conquistas.

Naquele momento, eu pensava: "caramba, como sou idiota, pensei que ele estava vindo devagar para curtir a vitória, mas não, ele já estava testando os recursos". Opa! Recursos? Sim, para fazer todo esse processo do transporte do sorvete precisávamos de recurso, e, nesse caso, o principal deles era o carro, que nós não o tínhamos. Então perguntei novamente:

– Mas com qual carro faremos isso?

E novamente ouvi a resposta clássica:

– Deixa isso comigo!

Tudo isso aconteceu numa sexta-feira e estava combinado de ir buscar os sorvetes na terça, pois eles eram produzidos na segunda (dia em que a sorveteria tinha seu menor movimento), ou seja, ele tinha apenas o final de semana para encontrar alguém que vendesse um carro fiado, ou pelo menos emprestasse, mas não seria fácil encontrar alguém que deixasse retirar os bancos traseiros para transportar baldes cheios de sorvetes, enfim, era mais uma situação complicada.

Trabalhamos duro naquele final de semana, pois já estava muito quente e os doces já não tinham a mesma aceitação, pois eles derretiam com o calor. Meu pai estava muito agitado, entrava e saía sem avisar, ficava alguns períodos ausentes, e sequer jantamos juntos naqueles dias, mas no domingo à noite, quando já estávamos prontos para dormir, pois todos teríamos escola na manhã seguinte, ouvimos uma buzininha fraca em nossa porta. Quando saímos de pijama para ver quem era, adivinha quem estava lá? Sim, ele havia conseguido, pelo menos provisoriamente, um Fusca 1969. Era um carro pequeno e com quase vinte anos de uso, um tanto malcuidado, mas já era alguma coisa. Ele desceu daquele carrinho como quem sai de uma Ferrari – era muito bom vê-lo feliz –, beijou minha mãe e, só com um olhar, pulamos para dentro do carro para dar a primeira volta em família. Demos várias voltas na praça bem devagar, meu irmão pulando no "chiqueirinho" (um tipo de porta-malas interno que aquele modelo tinha) e eu com o rosto entre os bancos, tentando ouvir os comentários do meu pai, pois ele estava tão feliz contando como havia conseguido aquele carro, que era contagiante ouvi-lo. Ele tinha ido buscar o carro num sítio na zona rural a mais de quinze quilômetros de estrada de terra da cidade, um compadre do meu avô materno já não usava mais o carro e, é claro, meu avô foi o fiador da negociação. No dia seguinte, meu tio, que trabalhava em uma oficina, ia tirar os bancos e fazer alguns ajustes, assim como algumas melhorias necessárias para pelo menos garantir a segurança e o trajeto completo, nesse caso, ir vazio e voltar carregado.

As primeiras dificuldades logo apareceram. Quando havíamos testado o tempo da viagem, estávamos com um carro praticamente novo e muito mais potente, ou seja, devemos acrescentar mais trinta minutos no trajeto de volta – com um carro pesado e bem mais velho –, dessa forma, deveríamos sair ainda mais cedo para não enfrentar o sol na volta, mas não adiantaria chegar lá mais cedo, pois o horário dos funcionários na sorveteria começava às cinco da manhã.

Mesmo com tantas adversidades, chegamos às quatro e quarenta e cinco, aguardamos um pouco e logo começamos a carregar o carro. Optamos por carregar menos do que a programação inicial, pois estávamos preocupados com o desempenho do veículo – em alguns casos, *menos é mais*. Finalizamos o carregamento por volta das seis da manhã e seguimos viagem. No meio do caminho, a coisa começou a se complicar, pois já passava das sete horas e ainda teríamos quase mais uma hora de viagem, o gelo já estava derretendo e o sol subindo forte, mas, em vez de acelerar, nosso líder começou a falar:

– Precisaremos de mais gelo na próxima viagem, vamos trazer caixas de isopor menores para o gelo reserva e vou tentar negociar com os funcionários um valor extra para eles chegarem lá mais cedo. Virei sozinho para poder tirar o banco da frente do passageiro também.

E foram muitas ideias, um novo *checklist*, sempre necessário: pensar, analisar, conferir, rever e, principalmente, recomeçar, se for preciso.

Chegamos com o sol já alto, por volta das oito e quinze da manhã. Os comerciantes estavam chegando a suas lojas, alguns curiosos ao nos verem descarregando aqueles baldes coloridos, alguns mais líquidos do que os outros, mas conseguimos aproveitar quase tudo, ficamos até quase dez horas limpando e posicionando tudo, pois o *layout* havia mudado por completo, os doces agora eram coadjuvantes, os atores principais seriam os sorvetes, e os mais saborosos e vistosos eram os de fruta. Eu estava tão envolvido com as mudanças que nem percebi a agitação do nosso líder; quando me dei conta, e percebi que ele estava mudando o *layout* novamente, parei e fiquei aguardando a nova ordem, pois a estratégia inicial era colocar os baldes de sorvete no freezer maior e mais potente (que ficava atrás), e na frente, no expositor de vidro, continuariam os doces, mas isso seria lógico demais, o mais óbvio e fácil de fazer, e não o mais correto (na verdade, seria, sim, a forma mais correta, pensando em conservação do produto, mas não a forma mais criativa, de maneira a chamar a atenção e vender com os olhos, como ele sempre nos dizia).

Depois de quase tudo pronto, nosso líder chegou com alguns potes de plástico transparentes e menores, e rapidamente entendemos a mensagem. Começamos a tirar o sorvete dos potes grandes e colocamos nos potes pequenos em porções menores, sempre os de fruta, pois eram mais coloridos e tinham pedaços enormes de frutas, e estes potes menores foram colocados na vitrine refrigerada sem tampa para que os clientes pudessem olhar e degustar antes de escolher os sabores. Alguma semelhança com as geladeiras chiques de hoje em dia?

Depois de todas essas mudanças inesperadas, conseguimos abrir com o novo *layout*, com quase duas horas de atraso. Já passava da hora do almoço dos comerciantes, mas abrimos com grandes expectativas, e valeu a pena, a curiosidade em experimentar antes, as cores vivas, os pedaços de frutas aparentes e, para completar, uma casquinha crocante que era uma delícia.

Tivemos muito sucesso naquele dia. As vendas foram tão boas que naquela mesma semana de estreia do sorvete meu pai fez mais duas viagens; claro que, se tivéssemos mais estrutura, um carro melhor, mais freezer para armazenar os sorvetes, o nosso lucro seria bem mais alto, pois as despesas que tivemos com a logística e as perdas com alguns sabores que acabaram derretendo mais rápido – os feitos à base de leite – pesaram desfavoravelmente nesse sentido.

Em pouco tempo, nos adaptamos a essa nova demanda, ajustamos os horários e acrescentamos novidades praticamente todas as semanas, tais como: caldas quentes, sabores novos, cardápio com taças enfeitadas, enfim, inquietude e disposição para enfrentar a rotina, acredito que esse possa ser o modelo ideal para qualquer seguimento:

Inquietude + Novidades = Motivação

Costumo sempre fazer um balanço de todas as fases da minha vida, em todos os sentidos, pois acredito que o passado pode ser a base para um bom futuro, no qual cultivar nossas essências é a fonte da juventude, não abrir mão daqueles momentos marcantes, mesmo os mais frustrantes ou decepcionantes.

Pensando assim, sempre fecho cada ciclo com uma experiência marcante, dentre muitas que me ocorreram nessa primeira fase da minha vida, entre o "baleiro do cinema" e a "doceria", pode ter certeza de que a mais forte delas eu costumo chamar de "vitória do fracasso", e você vai entender o porquê desse nome.

Sabe aqueles momentos em que erramos tentando acertar? Pode ter certeza de que isso não existe. Se você errou, era porque as condições não estavam boas, a estratégia não era a melhor, as ações não foram bem planejadas, ou até mesmo o profissional não estava preparado o suficiente. Em segurança do trabalho, quando um acidente acontece, a primeira investigação é para descobrir se a ocorrência se deu por "ato inseguro" ou por uma "condição insegura". No meu caso, creio que foram as duas coisas juntas.

Capítulo IV
A vitória do fracasso – líder compreensivo

Era um sábado qualquer, de um final de fevereiro qualquer, de uma tarde chuvosa qualquer, num dia sem quase nenhum movimento. Eu estava doido para que batessem as 19h no meu relógio para poder me reunir com meus amigos naquele sábado à noite, mas as horas pareciam não passar quando não se está no local que de fato se quer estar, ou quando se está fazendo aquilo que não lhe dá prazer, ou pior, quando a sua mente não está ali. Era esse o meu cenário naquele final de tarde.

Porém, como num conto de fadas, uma carruagem parou em frente ao nosso estabelecimento. No final da década de 1980, ela se chamava Diplomata Comodoro, da *Chevrolet*, cinza-claro na parte de cima e chumbo na parte de baixo, era o carro dos sonhos e daqueles que podiam sonhar alto. Lembro como se fosse hoje daquele senhor de cabelos grisalhos, alto e muito bem-vestido descendo lentamente de sua carruagem – me chamou muito a atenção o brilho do seu relógio, que muitos anos mais tarde fui descobrir que se tratava de um *Rolex*. Aquele forasteiro ficou parado por alguns instantes em frente à nossa casa de doces, meio que duvidando se estava no lugar certo, mas entrou e, com um sorriso meio irônico, me abordou perguntando:

– É aqui que tem o melhor sorvete de morango da cidade?

Sempre reagi muito rápido nas situações em que ficava acuado, e respondi também sorrindo, mas no meu caso, um sorriso de aflição:

– Não, é aqui que se vende o melhor sorvete de morango da região!

Pronto, numa resposta rápida eu havia desarmado o cliente, era uma estratégia boa, mas era ele quem ainda estava com o par de *Ases* na mão, pois imediatamente me elogiou, me agradou e logo parecíamos bons e velhos amigos. Aquele forasteiro era um grande empresário da capital e acabara de comprar uma fazenda em minha cidade, estava ali à procura de uma sobremesa para o jantar para agradar seus novos convidados.

Foi então que os negócios começaram. Ele perguntou muitas coisas: quem fabricava os sorvetes, de onde vinham os doces, qual deles vendia mais, de quais eu mais gostava, e, é claro, eu ia respondendo tudo nos mínimos detalhes, supermotivado. Aprendi ali que, para concluir bons negócios, você precisa se tornar parte dele, e, para tanto, é necessário conhecer todos os pontos de vista, seus detalhes, suas estratégias e, principalmente, quem está no comando na negociação, e naquele dia, eu, inocentemente, achava que estava no comando.

Depois de ter preparado o terreno, feito a pesquisa de campo e abordado o trabalhador, veio a proposta daquele forasteiro:

– Me diga, garoto, quanto custa o balde de sorvete?

Eu fiquei em choque, pois seria a venda dos sonhos. Em uma única venda eu bateria todas as metas da semana, ainda mais naquele dia tão fraco. A sorte parecia estar sorrindo para mim, mas, como diz o ditado popular: "Quando a esmola é demais, o Santo desconfia". Eu não o conhecia, mas estava determinado a bater minha meta.

Rapidamente o forasteiro percebeu que eu nunca havia vendido no atacado nem ao menos imaginava o valor de um balde fechado, pois era sempre o nosso patrão quem cuidava disso. Naquela época, funcionário não participava de reuniões de resultados, de alinhamento estratégico. Bem, ainda hoje muitos não participam, mas a importância dessa troca de informações é tão grande e muito maior do que se pensa, pois precisamos, sim, colocar todas as equipes, departamentos e setores por dentro da operação, das negociações e, também, do faturamento e lucro da empresa, isso se chama transparência, e, para mim, é a verdadeira "alma do negócio".

Foi nessa situação de total falta de conhecimento que eu achava que estava no comando da maior de todas as minhas negociações até aquele momento. Lembra que eu falei que era rápido quando me sentia acuado? Então, resolvi abrir o jogo:

– Não sei ao certo quanto custa cada balde, mas tenho certeza de que o de morango é o mais caro.

Era uma tentativa de superfaturar, oportunidade de bônus de venda, mas será que era correto? Lembra do ganha-ganha?

– Vamos fazer o seguinte! Tentaremos calcular no olho mesmo. Quantas bolas de sorvete se conseguem tirar por balde? – ele perguntou.

Caramba! Aquela era a conta mais básica que eu precisava saber desde sempre, para então chegar ao nosso verdadeiro lucro, mas, numa empresa familiar e não especializada no ramo como a nossa, cuidávamos apenas dos valores macro, ou seja, o cálculo de quanto entrou e de quanto saiu para chegar ao nosso lucro. Muito pouco para quem sonhava em se dar bem no setor de vendas de varejo.

Tiramos então umas dez bolas de sorvete daquele único balde de morango – é, eu disse único, pois, com um verão de muitas chuvas fortes, a safra de morango havia sido arrasada e encontrá-los era raridade. Mesmo sabendo dessa informação, continuamos a negociação. Para mim, cada balde poderia render umas cem bolas; se cada bola era vendida por dois reais, duzentos reais era um bom preço, mas então me lembrei da embalagem (refil/balde), e, enquanto eu tentava chegar num valor bom para mim, o comprador misterioso mais do que depressa fez a oferta:

– Duzentos reais pelo sorvete, mais cinquenta reais pela embalagem, mais cinquenta reais para eu levar algumas casquinhas e, para fechar, mais cinquenta reais pela atenção que você está me dando, dessa forma, eu pagarei trezentos e cinquenta reais pelo seu balde de sorvete de morango. Aceita?

Aquela sensação foi incrível, meu corpo tremia inteiro, era música para os meus ouvidos, uma proposta irrecusável, e, após alguns segundos em outra órbita, voltei à Terra e respondi forte e convicto:

– *É seu. Negócio fechado!*

Apertamos as mãos e tudo estava feito, o forasteiro havia conquistado o seu bem e saído feliz, eu havia batido todas as metas e feito a melhor de todas as vendas, num dia que parecia o pior de todos, mas nos acréscimos do segundo tempo eu reverti o placar e venci a batalha. Era um sentimento único, que eu nunca havia degustado; se eu tivesse que descrever numa única palavra, acho que seria "êxtase".

Ainda faltavam mais uns vinte minutos para encerrar o turno, mas, depois daquela venda mágica, por que esperar? Eu queria correr para casa e contar para todos, principalmente para o nosso chefe. Fechei tudo, praticamente sem a limpeza e a organização final que faziam parte do nosso protocolo, mas a empolgação era tanta, que eu queria dividir com a minha família. Cheguei em casa eufórico, minha mãe estava finalizando o jantar, meus irmãos, saindo do banho, e meu pai, ajudando a pôr a mesa. Passei por eles feito uma flecha, tomei um banho relâmpago e, sem conseguir parar de sorrir, me sentei com todos. Claro que eles estavam curiosos para me ouvir, então comecei a contar sobre a maior de todas as vendas daquela família doceira.

É claro que não perdi a oportunidade de florear um pouco, de acrescentar alguns toques de suspense, de valorizar minhas habilidades de negociação e, até mesmo, de persuasão. No meio da história, perguntei ao meu pai quanto ele pagava em cada balde, e foi aí que eu cresci ainda mais, pois cada balde custava, em média, cento e cinquenta reais, ou seja, eu havia conseguido mais de duzentos por cento de lucro numa única venda. Eu finalizei o contexto mais eufórico do que nunca, meus irmãos gritaram e me aplaudiram, minha mãe se levantou e me deu um beijo rápido na testa e então voltou para a pia para cuidar da louça – percebi naquele gesto que não era a venda dos sonhos –, mas, quando olhei para o nosso líder nato, percebi que ele estava com um olhar distante, com um semblante preocupado, não entendia a reação dele. Aos poucos a adrenalina começou a baixar e, mesmo com muito medo da resposta, perguntei:

– Não fiz certo, pai?

Foi nesse momento que ele voltou a me olhar nos olhos e disse:

– Tudo certo, o preço foi justo, parabéns pela sua iniciativa, mas amanhã é domingo e o movimento será forte, por isso, vamos dormir e descansar.

Fiquei sozinho à mesa, sem entender nada, mas já ciente de que não havia feito a coisa certa, fui do céu ao inferno em minutos. Demorei muito para dormir naquela noite, tentando imaginar onde estava o erro, afinal eu tinha conseguido lucro, tinha batido a meta, e ainda fiz isso num dia de vendas ruins. Como pode algo estar errado?

No dia seguinte vieram as respostas que eu precisava. Acordei cedo para jogar futebol, meu maior sonho (mas depois chegarei nele). Quando percebi que meu pai já havia saído, e de carro, o que não era comum em um domingo, pois sempre acordávamos um pouco mais tarde, já que a doceria abriria apenas às 11h, perguntei à minha mãe se tinha acontecido alguma coisa, mas ela, para me poupar, disse que não sabia e me mandou ir jogar bola. Confesso que fui, mas não consegui jogar, a minha mente não estava ali, então saí mais cedo do treino e voltei para casa, mas ele ainda não havia voltado. Continuamos os preparativos, almoçamos sem ele (coisa rara naquela época) e, em seguida, fomos abrir a doceria.

Parecia incrível, mas todos os clientes que eu atendia só perguntavam por um produto: sorvete de morango. E onde ele estava? No meu bolso, depois da tal venda dos sonhos. Lá pelas 13h, o fusca 1969 estacionou na rua ao lado e, de longe, vi meu pai descer do carro, igual quando ele chegava com o filme no cinema, suando e com uma prioridade imensa em descarregar a mercadoria. Saí imediatamente para ajudá-lo e comecei a ver sabores de sorvete que nunca havíamos vendido antes: salada de fruta, manga, málaga (passas ao rum), kiwi, frutas vermelhas e outros ainda mais estranhos. Sem perguntar nada, fui descarregando, enquanto ele organizava os sabores novos nos potes menores para colocar no expositor. Lembro que, quando ele cumprimentou minha mãe com aquele beijo na testa tradicional, não estava tão feliz, pois sempre vinha uma brincadeira depois do beijo, mas naquele momento isso não aconteceu. Depois de tudo arrumado, limpo e organizado, ele não precisou me explicar nada, foi só o próximo cliente chegar para eu entender a "merda" que eu havia feito, pois ele entrou e perguntou:

– Não tem sorvete de morango?

Meu pai se levantou de trás do balcão e disse:

– Hoje estamos em falta, mas você já experimentou o novo sabor de frutas vermelhas?

Parecia que o chão não estava mais sob meus pés, eu queria me esconder de vergonha, queria voltar no tempo, mas isso não era possível. Porém, aquela lição, por mais dura que tenha sido, foi um divisor de águas na minha curta carreira de vendedor. Comecei, então, a juntar as peças daquele quebra-cabeça e, no final do dia, estávamos todos exaustos, mais do que o normal, pois tínhamos que convencer os clientes a experimentar outros sabores para substituir o nosso carro-chefe, para ao menos tentar compensar a falta do nosso campeão de vendas: o sorvete de morango.

Naquele domingo, logo pela madrugada, o nosso líder nato precisou de um plano B para tentar compensar uma estratégia de venda malsucedida, no caso, a minha. Pegou o carro e seguiu 100 km até Tatuí para tentar encontrar um pouco de sorvete de morango para atender o nosso verdadeiro público-alvo, que eram os moradores da cidade, aqueles clientes de todos os domingos, as famílias que nós conhecíamos desde muito antes, os moradores da zona rural que vinham para a cidade para gastar seu digno salário com coisas que não se encontrava no campo. Por isso, entender a missão é, de fato, entender as necessidades dos clientes, e essas necessidades são a verdadeira missão de qualquer empresa, então, quando ele não conseguiu o sorvete de morango, veio com outras opções, para não voltar de mãos vazias e sem alternativas. Um líder nato procura alternativas e novas possibilidades o tempo todo, nunca desiste, pois sempre encontra boas oportunidades até mesmo nos momentos de crise, basta saber procurar e, principalmente, procurar no lugar certo. Se ele fosse líder por poder, teria como apenas jogar a culpa em mim, e não tentar fazer nada, ficaria lamentando e até me castigaria. Mas ele era um líder por autoridade, acredito que nem tenha dormido direito naquela noite, pensando em como supriria a falta do nosso sorvete de morango, pois é isso que os vencedores fazem, procuram soluções e não os culpados.

Depois de todas as mensagens recebidas naquele dia, eu precisava me desculpar com ele, mas não encontrava um momento para isso. Chegamos em casa todos juntos e cansados, pedimos uma pizza, comemos em silêncio, e só um pouco antes da hora de dormir consegui ficar a sós com ele, mas não consegui dizer nenhuma palavra, apenas o abracei e chorei. Para minha surpresa, depois de alguns segundos de desabafo emocional, ele começou a rir e disse:

– Aquele de frutas vermelhas é muito ruim!

Então ria e me abraçava ao mesmo tempo. Agora nós ríamos juntos, até que o nosso barulho fez com que meus irmãos e minha mãe saíssem do quarto e, sem saber o porquê, começaram a rir também. Lembro que começamos a contar "causos" de clientes chatos, falamos dos dias de preguiça na hora da limpeza, de doces que comemos e não registramos no relatório de saídas, enfim, lavamos a alma, com lágrimas e revelações escondidas dentro de cada um.

Quando me recordo desse momento, compreendo a importância dos diálogos abertos, do bate-papo com o gerente, da roda viva com a diretoria, enfim, independente do nome que as empresas dão, o mais importante é o objetivo, que é estreitar relacionamentos, promover abertura entre as áreas, setores e células, de fato, promover os valores que diferenciam as empresas, e, para mim, o mais importante deles é a transparência, também conhecida como honestidade.

Foi aí também que eu comecei a me interessar por um tal de "amor". Palavra de apenas quatro letras, mas com uma força tamanha, que é capaz de mudar o mundo, de ver sempre a luz acesa no final do túnel, de superar todos os obstáculos que a vida nos traz, mesmo aqueles que nos trazem perdas irreparáveis. Com AMOR somos capazes de lembrar com saudade e ao mesmo tempo alegria, somos capazes de congelar momentos ruins e reaquecer os bons, quem sabe seja por isso que alguns falam que o amor é cego.

Mas você pode ter certeza de que a única coisa que o amor não é, é cego. Nós podemos até vislumbrar demais no início, mas, quando se ama de verdade, somos transparentes o suficiente para encarar juntos todas as dificuldades e problemas, sem esconder nenhum detalhe ou defeito, prontos para chorar e reconstruir, mesmo que algumas sequelas apareçam posteriormente. A união pelo amor é, sem dúvida, a arma mais forte e poderosa de todos os tempos.

"O exercício do AMOR verdadeiro não pode cansar o CORAÇÃO."
Frase creditada para o benfeitor espiritual Emmanuel –
encontrada no livro Vinha de luz, *psicografado por Chico Xavier.*

Capítulo V
Novos horizontes – líder renovado

Em tão pouco tempo, depois de tantas experiências no novo negócio, a nossa *Casa de Doces Caseiro* estava indo muito bem. Foi um verão fantástico, vendemos tanto, que rapidamente pagamos as últimas dívidas e já estávamos pensando em acrescentar novidades ao cardápio, implantar um sistema de entrega aos finais de semana e até em ampliar o espaço físico da loja, enfim, estávamos todos empolgados e motivados, mas foi nesse momento que o nosso líder nato entrou em ação mais uma vez, convocando uma reunião em família. Todos nós pensamos que era para decidir quais das ideias de ampliação do negócio iríamos aplicar primeiro, a "estratégia de crescimento e consolidação de mercado", mas nada era tão previsível com o nosso comandante, que já abriu a reunião fazendo a seguinte pergunta:

– E vocês, como estão? Felizes? – Depois de alguns minutos de silêncio, não sabíamos se ele estava perguntando o que sentíamos de verdade ou se era em razão dos bons resultados. Então, ele completou: – Não estou querendo saber sobre a nossa empresa, ou sobre nossos resultados, pois todos nós sabemos que estamos indo muito bem. Estou perguntando realmente sobre a vida de vocês, precisam mudar algo? Estão sentindo falta de alguma coisa?

Foi então que minha irmã caçula levantou a mão e perguntou:

– Não vamos para praia? Todas as minhas amiguinhas foram.

Houve um silêncio novamente, mas em seguida nosso líder abriu um largo sorriso e disse:

– Era disso que eu estava falando, do "tempo". Com certeza já descobrimos que esse ramo alimentício é muito rentável, e nós desenvolvemos um modelo muito interessante de negócio, conseguimos pagar todas as nossas dívidas em pouquíssimo tempo, e agora até estamos com um pouco de capital para darmos alguns passos mais audaciosos, porém, se seguirmos com esse negócio, dificilmente teremos "tempo". É, isso mesmo, estou falando de folga, pois o trabalho é de domingo a domingo, e os finais de semana são os dias mais fortes e puxados, *é* nas férias que o sol esquenta e nesses dias as vendas aumentam, dessa forma, estamos com dinheiro, mas sem tempo para férias, ou, no *máximo*, conseguiremos sair de férias fora de época, ou seja, férias de poucos dias e ainda no frio.

Ficamos um tempo maior em silêncio dessa vez, e foi aquela explicação que me fez entender por que algumas vezes ouvimos a pergunta: "Qual é o preço do sucesso?".

Essa relação de trabalho, lucro e lazer não é uma equação fácil. E naquele momento meu pai não estava falando em abrir mão dos lucros, ele estava propondo, mais uma vez, mudar de ramo, seguir novos caminhos, ter mais tempo para a família. Não quer dizer que iríamos trabalhar menos, como alguns pensam, que ser patrão é sinônimo de ter menos trabalho, muito pelo contrário, ser dono do próprio negócio exige mais responsabilidades, mais trabalho, mais esforços e dedicação, menos tempo de folga, menos férias e assim por diante. Mas, no nosso caso, de acordo com o nosso perfil, se ficássemos com a doceria, com certeza teríamos cada vez menos tempo de lazer para a nossa família, pois, além de tudo o que já falamos, o trabalho era puxado e o desgaste físico era alto, ou seja, para nós, folga era sinônimo de cama. Você já se sentiu assim? Esse pode ser o principal indício de que você está enxugando gelo, pois de que adianta ter dinheiro sobrando se você não tem forças para usufruir dele?

Foi depois dessas reflexões que tomei coragem e perguntei:

– E em qual ramo vamos ingressar agora?

Claro que eu tinha mordido a isca, pois já estava tudo articulado naquela mente empreendedora, ele já havia estudado as variáveis e pesquisado o mercado, estava apenas querendo conquistar seus adeptos ou seguidores, pois algo muito forte no líder nato é a inclusão da equipe, ele está sempre um passo à frente, pensa muito antes de todos, descobre os atalhos, mas tem total consciência de que sozinho é impossível crescer. Então, ele começou:

– Vamos transformar nosso *hobby* em profissão, ou seja, vamos abrir uma loja de Fotografia e Filmagem.

Desde que me conheço por gente, a imagem que tenho do meu pai em todos os eventos familiares, da escola, do judô, do futebol, ou em qualquer outra data especial, como dia das mães, dos pais, das crianças, era ele com uma câmera na mão, na época a *Super 8*, no começo ainda sem áudio, depois as *Panasonic* ou as boas e velhas *Pentax* com lentes 35/80mm. Ele fotografava e filmava tudo, desde festa junina até os nossos aniversários. Acredito que temos um dos maiores acervos pessoais do mundo, e, se um dia eu ficar famoso, os programas de televisão se esbaldarão ao mostrarem meus "arquivos confidenciais". E só por isso já era muito mais fácil começar esse novo negócio do que foi começar com a doceria, pois já tínhamos experiência e *expertise* suficiente para nos mantermos atualizados no mercado, tínhamos até o mais caro, que eram os equipamentos básicos, assim, precisávamos de um ponto bem localizado, de um investimento inicial em produtos de varejo para manter o estabelecimento ativo no dia a dia, e de uma boa estratégia de *marketing* para entrar no mercado – mercado esse que era dominado (e é até hoje em dia) por uma família muito tradicional de origem japonesa (que tem tudo a ver com foto) que existe em nossa cidade, e dividir o mercado com uma empresa tão sólida, altamente estruturada e com um diferencial muito importante – o fato de que eles também trabalhavam em família, os pais e filhos faziam tudo, assim como nós –, numa cidade tão pequena e com uma concorrência extremamente qualificada, muito consolidada no mercado e altamente performática, seria o maior de todos os desafios.

Porém, o nosso líder nato quebrou todos os protocolos de concorrência. Mesmo antes de acharmos o ponto comercial, ele foi até essa empresa "concorrente" e explicou seus interesses, disse que iria entrar para esse ramo e que gostaria muito de continuar tendo-os como amigos e, agora, parceiros. Explicou que gostaria de poder pedir ajuda e até mesmo ajudar, na medida do possível. Foi um gesto nobre, mas também estratégico, de se mostrar conhecedor da realidade, conhecedor da nossa capacidade, pois não queríamos os clientes deles, e sim aqueles clientes que eles não tinham. Transferindo para os dias de hoje, podemos comparar às academias de ginástica; todas elas seguem uma tendência mundial, até as cores e letras parecem iguais, mas, quando alguma traz uma inovação, mais do que depressa as outras copiam nos mínimos detalhes. Por que, então, não atender a demanda personalizada, respeitando sua cidade, seu bairro, sua região, seu público-alvo? Com certeza tem e sempre terá espaço para todos, e, quanto mais opções, melhor. O problema é sempre ter mais do mesmo, precisamos entender que, se a concorrência só copia, não é concorrência, é continuidade, e aí teremos menos clientes para todos.

A metodologia estava clara, buscaríamos aquele cliente mais informal, que gostasse de uma trilha de *rock and roll* como fundo musical do seu casamento, sessão de fotos em lugares inusitados, entre outras mudanças que iríamos propor nesse novo segmento.

Meu pai queria retratar nas fotos e vídeos dos seus novos clientes toda a experiência que viveu atrás das máquinas de projeção dos cinemas, pois foi lá que ele assistiu a tantos filmes que é até mesmo impossível de contar, e todas essas horas como telespectador lhe renderam muita experiência de imagens, sons, efeitos e, principalmente, emoção. Sua frase clássica quando assistia a qualquer filme das nossas reuniões familiares era:

— Filme familiar precisa ter emoção!

— Precisamos descobrir os gostos dos clientes, saber quais músicas eles curtem, qual o ambiente que frequentam, quais hobbies eles têm.

Enfim, no início da década de 1990 ele já estava falando de perfil de cliente, algo muito determinante para o sucesso dos negócios globalizados desse mundo digital e dinâmico de hoje.

Mas e a casa de doces? É verdade, ainda estávamos com a casa de doces aberta e precisaríamos tomar algumas decisões: a primeira e mais importante delas era decidir o que faríamos com a *doceria*, se iríamos fechar, vender, arrendar ou simplesmente transformar no novo negócio. Bem, isso é o que nós achávamos mais uma vez, mas, na verdade, tudo já estava muito adiantado, meu pai já havia encontrado um comprador para ela, mas não era qualquer comprador, era um casal de primos que meu pai praticamente ajudou a criar, e, é claro, fez aquele negócio de pai para filho, pois resolveu o nosso problema e ainda deu uma grande oportunidade de futuro para eles. Além disso, já tinha negociado o novo ponto com o mesmo proprietário, que, por sinal, tinha vários imóveis na famosa Rua Direita.

A partir daí, o caminho foi muito mais rápido que das outras vezes, já estávamos mais velhos, por isso acompanhamos mais rápido as ideias do nosso líder e nos adaptamos depressa às novas mudanças. Isso é o que a experiência nos traz, quanto mais cedo se tem contato com a prática, com as adversidades, com os erros e acertos, muito mais cedo se aprende, se destaca nas situações difíceis. Certamente, os profissionais que começam cedo, enfrentam as dificuldades com mais entusiasmo, pois ninguém gosta da rotina, principalmente os profissionais que põem a mão na massa. Foi a lição que aprendi quando li o meu primeiro livro sobre gestão e liderança, *Quem mexeu no meu queijo*, de Spencer Johnson, em que, para mim, ficou muito claro o poder das avaliações constantes, dos *checklists*, das reuniões, das divergências, enfim, tudo o que eu vivia dentro da nossa empresa familiar, mas com uma diferença gritante: quando se estuda e se tem informações em tempo real, as ações reativas se tornam minoria, pois mesmo as falhas já estavam organizadas na prateleira das possibilidades. Uma frase creditada ao Provérbio Chinês, que já ouvi em diversas reuniões de planejamento das empresas em que atuo é:

"Espere sempre pelo melhor, mas planeje sempre pelo pior."
Provérbio chinês

Por isso, aprimorar-se em cada conceito, com métodos e procedimentos que já haviam sido testados em outras empresas ou em outras realidades, se torna um fator de extrema importância para quem não tem tempo para errar. Mais do que nunca as empresas fazem *workshops*, *network*, programas de portas abertas, participam de Congressos e estimulam os profissionais a conhecerem novas áreas, pois não estão apenas mostrando seus produtos e métodos, mas, sim, testando e conhecendo os produtos e métodos dos outros. *Business* é movimento, aceleração, totalmente contrário à estagnação e comodismo.

Visitar a concorrência, os fornecedores e os parceiros é imprescindível para se modelar com uma base sólida e conhecedora das possibilidades e, principalmente, conhecer as reais necessidades do mercado em que irá atuar, independente do segmento de negócio. Em um mundo globalizado e interligado na palma da mão como vivemos hoje, não se pode se dar o luxo de não acompanhar as tendências e, especialmente, as "evoluções tecnológicas".

E foi assim que encerramos nossa curta e rica história de sucesso com a casa de doces, porém imediatamente já estávamos engajados com o novo projeto da família Blóes. Agora estávamos deixando a produção artesanal para emplacar no mundo tecnológico, migrando da satisfação imediata de saborear um doce para o prazer nostálgico de relembrar os bons momentos de uma data marcante através dos álbuns e vídeos produzidos por nós.

Nosso líder nato chegava a seu ápice como gestor e CEO de nossa empresa, pois, independentemente do tamanho da empresa, quando se tem cargos, funções e um organograma claro e bem definido, com certeza a chance de sucesso torna-se muito mais palpável. E por que era o seu ápice? Pois ele estava com quase cinquenta anos, havia trabalhado em três segmentos diferentes durante trinta anos de carreira, sempre como proprietário e tomando as decisões mais difíceis, como mudar de ramo, mesmo sem querer, mas por necessidade, pois, se dependesse apenas de sua paixão, com certeza seria proprietário de Cinema até os últimos dias de sua vida.

Mudanças como essa fortalecem grandes líderes e os tornam pessoas mais dispostas a mudanças, pois a máxima de que *toda mudança gera consequência* é uma grande verdade, porém não mudar pode gerar ainda mais consequências, e, na maioria das vezes, elas são desastrosas e improdutivas.

Por esse histórico rico em mudanças e vivido na prática e em sua plenitude, nosso comandante tinha certeza que desta vez seria muito mais perene. Tanta era a sua convicção, que o nome da nova empresa, pela primeira vez, carregava o nosso sobrenome, estava nascendo a *Foto Vídeo Blóes*, empresa familiar que cresceu rapidamente e, em menos de cinco anos, construímos uma carteira de clientes fiéis, adquirimos prédio próprio, estávamos com todos os equipamentos quitados e atualizados, e já contávamos com um quadro de profissionais especializados e autossuficientes para atender a demanda sem contar com cem por cento da atuação da família. Um cenário muito favorável, pois, além de conquistar novos clientes, num curto espaço de tempo e num mercado tão restrito, ainda conseguíamos absorver os funcionários que ingressaram em nossa equipe e treiná-los para fazer parte dessa filosofia de trabalho.

Algum tempo depois comecei a estudar os ciclos de criação dos novos negócios e a formação das equipes de trabalho. Foram nesses estudos que eu conheci os 4 Fs da formação de equipes do autor James C. Hunter[1].

Os 4 Fs são:

1º) Fingimento
2º) Fricção
3º) Formação
4º) Funcionamento

---

1 HUNTER, James C. *Como se tornar um* líder *servidor*. Rio de Janeiro: Sextante, 2006.

Com certeza passamos por todos eles, e vivemos cada um deles, pois hoje entendo que vivenciar é bem diferente de ser um espectador, o que acontece muito com os funcionários passivos, aqueles que acham que não têm nada a ver com o processo, que estão ali apenas para fazer o que é mandado e cobrado. Esse perfil está mais do que ultrapassado, pois os funcionários que não vivem os 4 Fs com certeza não têm "senso de dono" e tampouco capacidade de viver e superar os momentos de crise, pois esses momentos exigem gana, garra e suor.

Vamos aos Fs: o primeiro **F, *fingimento***, é aquele momento do namoro, em que tudo é lindo, o patrão nem mesmo pensa em pedir e os funcionários já estão fazendo, às vezes até brigam entre si para ver quem faz primeiro, é o famoso "sangue novo", vontade de mostrar serviço, de marcar território e consolidar sua posição, porém essa fase é rapidamente superada, quem sabe dure apenas os noventa dias do contrato de experiência, e, depois disso, entra em ação, e com muito mais força, o segundo e mais difícil dos quatro *Fs*, que é o **F** da ***fricção***, quando as máscaras caem, o fingimento acaba, as vaidades aparecem, as briguinhas por besteira tomam conta do ambiente. Nessas horas, os líderes precisam estar muito próximos de seus liderados, pois, se estiverem distantes, dificilmente conseguirão identificar as verdadeiras virtudes, defeitos, falhas e também boas atitudes. É neste *F* que conhecemos as verdadeiras personalidades, as quais podemos chamar de Ética de Caráter e Ética de Personalidade.

Ética de Personalidade é a mais comum entre os profissionais sem valores, aqueles que só estão ali pelo salário, que se moldam à situação, que enganam a si e aos outros para fazer parte do ambiente em que estão sujeitos naquele determinado momento e, é claro, tentam tirar vantagem desse perfil camaleão, sempre colocam o "EU" à frente de tudo e de todos, e, se preciso for, passam por cima de muitos para satisfazer seu próprio propósito.

Do outro lado, estão aqueles que possuem a Ética de Caráter, que não abrem mão dos seus valores. Se o seu valor for *respeito*, ele sempre respeitará; se o seu valor for *honestidade*, não mentira nem simulará; se o seu valor for *profissionalismo*, saberá distinguir cada processo e as pessoas envolvidas nele. Empresas de sucesso são formadas por valores e princípios, e seus profissionais são a energia necessária para fazer girar as engrenagens dos valores morais, que são absolutamente indispensáveis para que essa organização prospere sem nunca abalar sua cultura organizacional.

Depois de separar os que querem dos que não querem, poderemos seguir para o terceiro **F**, o da ***formação***. Precisamos testar, pressionar, desafiar e até mesmo avaliar várias vezes para poder formar uma equipe de alta performance, a qual será responsável pelo crescimento e pela sustentabilidade do seu negócio. É verdade que às vezes é difícil identificar esses três primeiros F's, mas, como já dito anteriormente, se praticarmos uma gestão corpo a corpo, estimulando sempre novos desafios, sem deixar a rotina dominar o ambiente, as chances de sucesso serão reais.

Chegamos, enfim, no quarto **F**, o do ***funcionamento***, que só fará parte se vivenciados os três F's anteriores. Um ponto que pode dificultar a conquista desse último F é o *Town Over*, pois, sem a formação da equipe e a busca por maturidade profissional, torna-se praticamente impossível chegar ao bom funcionamento. Estratégia eficaz é quando o funcionário consegue visualizar um futuro próspero em seu emprego, onde o plano de carreira é facilmente visualizado, as metas são palpáveis; assim como a meritocracia, a empresa se consolidará em performática, formada por profissionais de alta performance.

Levando em conta todas essas experiências, rapidamente, nosso *CEO* identificou que, além de todo esse processo evolutivo e dos serviços de qualidades que estávamos buscando prestar, como loja física, precisávamos esperar os clientes nos procurarem, muitos entravam em nosso estabelecimento apenas pela curiosidade de visitar uma loja nova, alguns entravam apenas para ver as fotos de casamentos, batizados ou até mesmo de algumas "modelos" que toda semana ilustravam nossas vitrines, e, é claro, havia aqueles que apenas estavam especulando preços. Depois de perceber essa rotina, nosso líder implantou uma novidade, não apenas para nós, mas para toda a cidade. Após voltar de uma viagem à capital, pois fazia sempre questão de continuar ligado nas novidades que só se via na metrópole, estava com aquele brilho nos olhos novamente, aquele brilho de *empreendedor* que consegue visualizar alguns anos mais longe do que a maioria de nós.

Por falar nisso, você sabe qual é a diferença entre empresário e empreendedor?

Vou tentar dividir o meu ponto de vista, que não se resume apenas a essas duas categorias, por isso acrescentarei mais duas categorias: profissional excelente e investidor, mas não nessa ordem. Segundo a minha experiência e humilde trajetória profissional, a minha visão, ordem e divisão dessas categorias seriam:

1º) **Profissional de Excelência:** aquele que sempre faz primeiro, por iniciativa própria, que conhece tecnicamente o serviço, tem carisma e talento. Já adquiriu experiência suficiente para treinar os demais da equipe. Aquele que faz bem feito por que AMA o que faz, se realiza com o resultado produzido por ele e por sua equipe. A palavra de ordem é: ***performance***.

2º) **Empresário:** aquele profissional excelente que resolveu deixar de ser empregado e virou patrão, abriu sua própria empresa no mesmo ramo em que sempre atuou como funcionário e no qual tinha total *expertise* técnica e operacional, mas estava se aventurando como gestor. Pode ter sofrido com a mudança, mas, como era extremamente qualificado e dominante do conhecimento, vira referência no ramo, e sua estratégia de sucesso é sempre liderar pelo exemplo. A palavra de ordem é: ***planejamento***.

3º) **Empreendedor:** aquele empresário que se deu bem, que conseguiu evoluir bem de profissional excelente para empresário do ramo, e, quando começou a dominar a função de gestor, passou a investir na ampliação do seu negócio, seja aumentando o leque de serviços ou replicando os serviços em novas filiais, ou até mesmo incorporando outros negócios complementares, ou de segmentos diferentes. Entendeu sua força de influência em motivar as pessoas a encarar junto, com muito engajamento, seus novos projetos empreendedores. A palavra de ordem é: ***realização***.

4º) **Investidor:** aquele empreendedor que se deu bem no próprio ramo, mas não se contenta em ficar naquele nicho de mercado, está sempre em busca de novos desafios (investimentos). Quer que o dinheiro trabalhe por ele, essa adrenalina de apostar em novidades, em ser o pioneiro, torna-se o alvo de suas conquistas, porém, para obter sucesso, precisa ter lucro, precisa ser rentável. A palavra de ordem é: ***conquista***.

Uma das perguntas que sempre me fazem quando ministro palestras ou treinamentos sobre esse tema é:

– É possível ser os quatro em um?

Minha resposta é: *não*. Pois precisamos entender que a especialização e o foco não são apenas qualidades, mas, sim, necessidades de cada perfil. Podemos ter profissionais que evoluíram pelos quatro estágios e, até mesmo, saltaram etapas, alguns que migraram de níveis, e até aqueles que navegaram entre eles, pois, como costumo dizer, existem aqueles "fora da curva", mas, no máximo, é possível absorver duas categorias, como ser empresário de um ramo e investidor com parceiros em outro ramo.

Outra pergunta comum é:
– *Qual desses perfis dá mais lucro?*

Nem tudo é questão de lucro. Para mim, é uma questão de bem-estar. Migramos ao longo da carreira por vários motivos, e talvez no início seja por dinheiro, mas, com o passar dos anos, os valores evoluem e passamos a nos preocupar com o verdadeiro motivo, que é o que de fato importa: "viver bem".

O que não significa viver com muito ou com pouco, mas, sim, viver com o suficiente, pois quantos milionários conhecemos ou já ouvimos falar que não tiveram tempo para gastar a fortuna e os filhos acabaram com tudo? Isso acontece porque os filhos não davam o devido valor ao dinheiro? Acredito que não. Mas acredito que o pai estava tão ocupado em ganhar dinheiro, que não teve tempo para educar e ensinar os verdadeiros valores da vida e, muito menos, para gozar de momentos simples do lar.

É preciso ter tempo para estudar, trabalhar, crescer, sem deixar de lado o tempo para conviver, relaxar e desfrutar de momentos com quem se AMA, afinal que graça tem o dinheiro para quem está só?

De onde tirei essas conclusões?

Acredito que do meu convívio com vários gestores, diretores e até CEO's de grandes empresas, que sempre se questionaram se havia valido a pena tudo o que tinham feito até aquele momento. É claro que também desenvolvi a minha própria percepção em decorrência da minha experiência de vida, carreira, no convívio com meus funcionários, clientes e alunos, mas, com certeza, a minha vivência com o principal dos líderes da minha vida, meu pai, o líder nato, fez com que eu construísse os pilares que sustentam até hoje os meus conceitos e ideais, pois ele migrou mais de uma vez por esses quatro estágios, e se moldava de acordo com as necessidades, era um verdadeiro "camaleão dos negócios", porém nunca abriu mão do *bem-estar*, fosse o dele ou o da nossa família. Se esse conjunto estava bem, estava tudo certo; se ele estava bem, nós também estávamos bem; se nós estávamos bem, ele também estava, e assim por diante.

Esse controle emocional tem alguns propósitos: dividir as dificuldades com quem está próximo, se fortalecer com quem está interligado e, principalmente, comemorar com quem está ao seu lado, e eu acredito que seja isso que as empresas estão buscando hoje quando se fala em engajamento.

O problema é que as empresas querem engajamento eterno, ou a longo prazo, e isso não existe, pois o engajamento se dá a curto prazo, você motiva as pessoas em curtos espaços de tempo. Nós, seres humanos, nos adaptamos, incorporamos e absorvemos nossas rotinas e nos acostumamos com elas. Um bom exemplo é o soldado jovem, aquele que acabou de se alistar para defender sua pátria na guerra, ele recebe o uniforme novo e, antes de vesti-lo pela primeira vez, é questionado pelo comandante sobre o verdadeiro motivo de ele ter se alistado. Mais do que depressa ele responde que é para defender o seu país com sua vida, se necessário for, porém, alguns dias depois de chegar ao campo de batalha, o mesmo soldado é questionado sobre a sua maior vontade na vida naquele momento, e ainda mais rápido ele responde que é voltar vivo para casa. Ou seja, o engajamento nasce de acordo com a situação, por isso as empresas e, especialmente, os líderes precisam entender que o ambiente vitorioso, moderno, com regras claras, com sinceridade nos discursos e com bons exemplos é que motiva o engajamento das pessoas para com os objetivos comuns propostos.

Era dessa forma que estávamos naquele momento, aumentando nosso portfólio de produtos e serviços, treinando e engajando novas equipes, sem perder a essência daquela empresa familiar, que era fazer tudo com muita transparência, honestidade e amor.

Capítulo VI
Máquina de Xerox – líder inquieto

Eu aprendi isso na prática, vendo meu pai ser inquieto em tempo integral; mesmo quando estava parado, em silêncio, parecia que eu conseguia ver que dentro de sua cabeça os pensamentos e as novas ideias estavam a todo vapor. E foi assim que, de repente, ele voltou da sua viagem a São Paulo com um brilho nos olhos e a energia renovada, e, em nossa reunião semanal, disse:

– Quero estar dentro dos nossos clientes. Não quero ficar esperando eles entrarem em nossa loja, quero ser necessário no dia a dia deles, e não apenas em momentos em que eles passam por alguma emergência.

Claro que eu não hesitei nem um segundo e perguntei:

– O que vamos fazer desta vez?

Em outros tempos, eu teria perguntado "como", mas, depois de alguns anos de convivência, eu sabia que ele já havia pensado e pesquisado tudo, só precisava do nosso apoio para seguir em frente; aliás, essa era mais uma virtude rara dele, ele poderia seguir sozinho com a ideia que, com ou sem sucesso, estaríamos ao lado dele, mas ele nunca fez isso, a integração da equipe vinha sempre em primeiro lugar. Ele compartilhava tudo, e fazia isso porque acreditava vigorosamente que compartilhar as ideias era a única chance de errar menos, pois quem cria sempre acha que vai dar certo, por isso, ouvir outras opiniões pode abrir novas opções e até mesmo mudanças significativas na estratégia ou mesmo na concepção da inovação. Porém, para que isso aconteça, é necessário que haja confiança entre as pessoas, e isso, entre nós, não era um problema.

Dessa forma, a resposta dele foi muito surpreendente, ele nos olhou agitado e disse:

– Vou colocar uma máquina de Xerox em cada banco e escola da cidade.

Como assim? Pensamos todos em silêncio, pois, com aquele brilho nos olhos, era impossível duvidar dele. Uma outra dica é: se o líder que está pedindo ajuda à equipe não demonstrar confiança e entusiasmo em relação à sua própria ideia ou estratégia, como irá motivar e convencer seus seguidores? Mas, nesse caso específico, nossa perplexidade tinha outros motivos, as fotocopiadoras, que na época eram novidade e dominadas pela marca *Xerox* – que inclusive virou sinônimo de fotocópia – eram caríssimas, e a assistência técnica ficava apenas nas grandes cidades, o que inviabilizaria muito a compra desse equipamento e, por esses motivos, os bancos e as escolas preferiam apenas pagar pela fotocópia a um fornecedor (papelaria, em sua maioria) do que fazer esse alto, e até mesmo insustentável, investimento.

Mas, vendo nossos olhares de espanto, ele começou a explicar sua ideia e estratégia:

— Não vamos comprar nem vender nenhuma máquina da *Xerox*, também não quero ter lucro com isso.

Mais uma longa pausa e muitas trocas de olhares, e então ele continuou:

— Vou locar as máquinas da *Xerox*, já pesquisei essa possibilidade direto com a matriz e ela existe, depois irei sublocar aos bancos e escolas, pois, como eu irei locar uma grande quantidade de máquinas, terei melhores descontos na compra de papéis e toner, que são os itens mais caros. E, em todo início de mês, zeramos os marcadores das cópias das máquinas sublocadas e, ao final do mês, cobramos apenas pelas cópias tiradas, ou seja, o mesmo preço que eles iriam pagar para vir tirar as cópias em nossa loja, agora eles irão pagar com a máquina dentro do seu estabelecimento e, ainda, sempre abastecidas com papel, toner e assistência técnica, que nós forneceremos gratuitamente.

E então completou:

— O que vocês acham?

Após aquele silêncio que sempre pairava sobre nós nessas reuniões familiares, comecei a repetir toda a sequência:

— Vamos ver se eu entendi, quer dizer que vamos locar várias máquinas caríssimas do fabricante, sublocar para os bancos e escolas, fornecer papel, toner e assistência técnica, não cobrar nada por isso, e ainda cobrar apenas os mesmos dez centavos de cada fotocópia que cobramos em nossa loja?

— Sim – ele respondeu, mostrando-se empolgado.

— Muito bem. Mas como vamos lucrar com isso, se a maioria desses clientes já vai até a nossa loja pra fazer isso? – eu perguntei.

Dei de bandeja, né? Era a pergunta que faltava. Sabe aquela reunião gerencial, quando o gestor joga a isca e alguém é fisgado? Então, fui eu, mais uma vez. E mais que depressa ele respondeu:

— *É isso, hoje nós tiramos cópias para eles, a partir desse modelo de negócio, eles irão tirar para nós, e o principal, irão tirar muito mais, pois a comodidade irá motivá-los a tirar muito mais fotocópias.* Além disso, não terão tanto zelo com o serviço e tirarão várias cópias não tão boas, mas o marcador não distingue cópia certa ou errada, ele apenas conta. Entenderam?

Dito e feito, em três meses tínhamos mais de dez máquinas sublocadas, e a quantidade de fotocópias que recebíamos dava para comprar quase uma máquina por mês, que era o que eu pensei que iríamos fazer, mas, quanto mais o tempo passava, mais o meu pai tirava as máquinas dos locatários e os convencia a comprar sua própria máquina, pois seria mais rentável. Confesso que eu não acompanhava nem de longe a sua linha de raciocínio, mas sempre tinha uma explicação. E todas as explicações estavam embasadas no nosso "Manifesto" original, que era: "atender a necessidade do cliente". Lembra?

Pergunto a você que me acompanha nesta leitura: por que ele pensou nas fotocopiadoras? Por que queria estar por dentro dos clientes, se tornar ainda mais conhecido e, principalmente, ter credibilidade e a total confiança deles. Ele havia criado um novo negócio, e, no seu auge, vendeu para seus próprios clientes o que mais cedo ou mais tarde teria acontecido de qualquer jeito, porém, com a estratégia correta, ele levou todos os méritos e, ainda de quebra, era representante da assistência técnica, de forma que ainda seria necessário e estaria dentro desses clientes tão importantes, com grandes potenciais de novos negócios. Porém, com a experiência que ele obteve nos outros negócios, percebeu que no ramo dos novos empreendimentos existe um detalhe primordial para que tudo se desenvolva com êxito, o *timing*. Sim, tempo, mas não estou falando de pressa ou paciência, estou me referindo muito mais ao *feeling*, algo que diferencia os comuns dos excelentes, pois os comuns se satisfazem em produzir o que lhes foi delegado, cumprem horários à risca, batem as metas que lhes são propostas, seguem as regras e as normas cuidadosamente, podendo até chamá-los de funcionário padrão; já os excelentes são aqueles que, além de seguirem os protocolos, questionam as regras, tentam encurtar caminhos, trazem ideias de outras pessoas e de outras empresas, não querem apenas a meta, querem a supermeta, são os proativos, na essência da palavra.

Nos vimos mais uma vez indo muito bem, com loja estável, serviços de qualidade, receita equilibrada, funcionários chegando ao quarto *F*, ou seja, estava tranquilo demais. Então era hora de mais uma reunião familiar, claro, e foi o que aconteceu, o nosso líder nato convocou todos nós, e atendemos rapidamente.

Mais uma reunião familiar – Pauta: Seu Futuro

A família já estava reunida, e quando todos esperávamos as perguntas iniciais famosas do nosso mestre, do tipo: "Vocês estão felizes?", ou alguma nova estratégia de crescimento ou novidade tecnológica que seria agregada ao nosso negócio, veio a surpresa. Com o sorriso mais sincero e discreto que eu já vi em toda a minha vida, ele começou:

– Primeiro, quero agradecer a todos pelos esforços e abdicações durante todos esses anos. Quero dizer que nem em meus mais felizes sonhos eu tinha visualizado tantas mudanças positivas em minha vida profissional, pessoal e familiar, e, além disso tudo, posso dizer com todas as letras que AMO o que faço, e também estou muito feliz por vocês dividirem comigo tudo isso.

Após um longo suspiro e os olhos vermelhos, como sempre ficavam quando ele se emocionava, prosseguiu:

– Por isso, acredito que chegou a hora de vocês buscarem isso também.

Como assim? Ele estava nos demitindo?

Após ouvirmos isso, fomos nós que ficamos emocionados e, em meio a várias trocas de olhares, ele retomou a palavra:

– *É isso mesmo!* Agora já estamos equilibrados e estabelecidos novamente, chegou a hora de vocês buscarem os seus sonhos, pois sonhar é o principal combustível da vida, e acredito que o sonho de vocês tem a ver com felicidade.

Nesse momento ele puxou um papel velho e todo amassado do bolso da camisa – ele sempre usava camisas de manga curta e com bolso – e começou a ler a ata de uma reunião que fizemos antes de abrir a doceria. Lembra quando ele perguntou o que queríamos e mais gostávamos de fazer? Pois é, ficamos sabendo naquele dia que todos os dias ele levava aquele papel consigo, era seu combustível para não deixar de sonhar, de acreditar, de entender que, para ser feliz, é preciso fazer o que se AMA, mesmo que seja necessário novos amores ao longo da jornada, pois, como bem disse a jovem cantora Ana Vilela em sua canção Trem Bala: "Não é chegar ao topo do mundo e saber que venceu. É sobre escalar e sentir que o caminho te fortaleceu".

— Minha filha, você disse que amava dançar e queria ser professora de *ballet*. Na época, eu disse que você era muito nova e o papai não tinha capital para tanto naquele momento. Pois bem, você cresceu, conseguimos fazer algumas economias, e, assim, se você ainda quiser, vamos reformar o depósito do fundo da nossa loja – onde guardávamos as tranqueiras velhas – e também vamos contratar uma professora de dança. Você vai começar o seu próprio negócio, o que me diz? – ele perguntou, segurando o choro.

Nem preciso falar qual foi a resposta. Depois de alguns meses, estava em pleno funcionamento a *Vertical Academia – Escola de Dança*, nome escolhido por ele, que hoje, depois de mais de 30 anos, já com outro nome, ainda existe e vive em pleno vapor em nossa cidade. O sonho da minha irmã se tornou uma realidade de muito sucesso.

Depois de alguns minutos de abraços, beijos, choros e comemorações pela chance que ele estava dando à minha irmã, ele se virou para o meu irmão e disse:

— E você, *cowboy*, ainda quer ser peão de boiadeiro? Mexer com gado, como disse naquela vez? Então, o capital para isso nós ainda não temos, mas, como você ainda é novo, pode começar trabalhando para alguém que tenha mais experiência e, quem sabe, daqui a alguns anos, comece seu próprio negócio. O que acha?

Claro que já estava tudo acertado. Ele tinha conversado com um grande fazendeiro da cidade e acertado a possibilidade de o meu irmão, com quase 14 anos na época, iniciar sua carreira de negociador e criador de gado. Hoje em dia ele tem muito sucesso nesse e em outros segmentos, pois, com todas as experiências que acumulou desde tão jovem, tornou-se um dos comerciantes mais perspicazes que eu conheço.

Minha mãe assistia a tudo de camarote e, assim como eu, estava um tanto aflita, pois, além de eu ser o filho mais velho, era o sucessor imediato daquele líder, era eu quem já seguia seus passos, já até havia fotografado casamentos sozinho; é verdade que alguns noivos quase tiveram um "treco" quando viram um fotógrafo tão jovem, com o rosto cheio de espinhas, ser o responsável por registrar um momento tão especial e único, e eu senti muito medo também, pois naquela época nada era digital, que você pode olhar a qualidade das fotos e deletar o que não está legal. Era tudo muito diferente, a começar pelo preço dos filmes de rolo de 35mm ASA 200 ou, quando era possível, 400 ASAS, de 36 poses – como se falava naquele tempo, sem contar os custos para se revelar um filme –, e no sistema analógico não tinha como saber se as fotos tinham ficado boas antes da revelação, era uma verdadeira agonia esperar sete dias úteis para receber os filmes revelados em copiões (negativos de provas). Mas agradeço todos os dias por ter tido essa e outras oportunidades, agradeço por ter recebido tantas responsabilidades ainda tão jovem, pois me tornaram um adulto maduro, responsável e, principalmente, corajoso, sem medo de sofrer com as decepções, que prefere sempre encarar os problemas e as adversidades como se fossem novas possibilidades e oportunidades de se reinventar.

Será que hoje em dia nós, pais, temos essa coragem? Será que estamos permitindo que nossos filhos errem? Será que estamos os deixando sentirem e até mesmo sofrerem com o amargor de uma derrota? Voltando para as nossas empresas, será que os líderes, jovens, modernos, da tal geração "Y", passaram por dificuldades na infância? Não estou falando de dinheiro, mas sim de frustrações, perdas, dores. Será que eles caíram de árvores quando estavam pegando mangas do vizinho? Arriscaram-se em pular o muro da escola para pegar a bola? Tiveram coragem de tirar a garota linda no "bailinho" na garagem da casa do melhor amigo? Será que hoje em dia eles têm o melhor amigo? Ou foram criados numa redoma de vidro, dentro de poucos metros quadrados de um apartamento bem localizado, mas sem espaço até mesmo para se machucar? Onde a mãe invade o campo de futebol para brigar com o técnico porque o seu filho está no banco de reservas, ou o pai discute com a professora do infantil porque ela deixou sua filha de castigo ou simplesmente falou um pouco mais alto?

Gostaria apenas de compartilhar essa reflexão, pois os líderes de sucesso não são apenas formados nas escolas particulares ou faculdades federais, eles começam sua carreira dentro de casa, em cada estágio evolutivo da sua formação, onde precisam, sim, de proteção, atenção, carinho e respeito, mas também de desafios, obstáculos e dificuldades.

Foi nesse momento que meu pai, o maior de todos os meus líderes, direcionou aquele olhar meigo e atencioso mais uma vez para mim, e perguntou:

– E você, campeão, vai correr atrás do seu sonho de ser jogador de futebol?

Caramba! Era tudo o que eu mais queria na vida – pelo menos naquele momento. Eu já treinava no time principal da minha cidade e era titular absoluto do time de juniores que iria disputar os Jogos Regionais do Interior.

Não me lembro ao certo o que eu respondi, ou se eu ao menos respondi. Sei que, como sempre, a nossa troca de olhares era tão intensa e verdadeira que tudo estava encaminhado.

Minha irmã se tornando sócia proprietária de uma escola de dança com apenas 12 anos, meu irmão indo trabalhar numa fazenda com menos de 14 anos, e eu com a possibilidade de "tentar" ser jogador de futebol com 15 anos, era tudo tão surreal, mais uma grande mudança para todos, até mesmo para a minha mãe, que nem foi mencionada, mas foi tão diretamente atingida quanto nós, pois foi ela que passou a ser a sócia majoritária dos negócios. Enquanto meu pai precisava sair para os trabalhos externos, era ela que assumia toda a parte burocrática, comercial e administrativa, ou seja, ela precisou assumir todas as nossas funções.

E tudo isso por quê? Porque eles queriam a nossa felicidade! Certa vez, ouvi, sem querer, meus pais conversando, e nessa conversa questionavam se estavam fazendo a coisa certa em nos deixar correr atrás dos nossos sonhos. Não me lembro de detalhes dessa conversa, mas uma frase do nosso líder me marcou muito:

– Não sei se é a coisa certa, só sei que o melhor que posso fazer neste momento é dar a oportunidade. Agora, se ela será aproveitada e irá gerar bons resultados, aí depende só deles.

Como estamos conduzindo nossas equipes de trabalho? Estamos dando oportunidades, liberdade, desafiando-os? Ou estamos sendo mães e pais superprotetores, que não permitem erros, que não querem correr riscos e, por isso, não deixam que ninguém se arrisque?

Nossa natureza humana necessita de desafios, detestamos a rotina, adoramos novidades. Por isso, nós, líderes, somos influenciadores, somos o combustível para motivação dos nossos liderados. Somos e precisaremos ser sempre o EXEMPLO.

Capítulo VII
Carreira solo – novos líderes

Entre cinema, casa de doces e loja de fotografia e filmagem, foram sete anos da minha vida, minha segunda infância inteira, dos 8 aos 15 anos. Se comparado aos dias de hoje, parece insano dizer que uma criança começou a trabalhar tão cedo, mas, pode acreditar, foi tudo muito mágico, eu vivi os melhores dias da minha vida com aquelas experiências, com aqueles aprendizados e, principalmente, com todo aquele AMOR. Me fizeram amadurecer mais cedo, é verdade, mas também me fizeram ser mais forte e corajoso.

E essas virtudes foram essenciais em minha nova fase da vida, pois o mundo do futebol, literalmente, não é para os fracos, é preciso ter sangue frio muitas vezes e sangue quente sempre, ter foco e disciplina em tempo integral, estar atento aos interesses de todos, entender que a maioria não está ali pelo sucesso do grupo ou da equipe, e sim pelo sucesso individual. Alguma semelhança com o mundo dos negócios?

Costumo dizer que a minha experiência num esporte de alto rendimento foi minha pós-graduação em *Business*. Tive minha formação em uma das melhores universidades do mundo, a minha família, ao lado do líder nato, aquele que sempre colocava os *valores* acima de tudo, que nunca abria mão da satisfação de todos, que sempre estava disposto a ouvir e a melhorar, e focado no bem maior, que era a felicidade das pessoas. Mas, na pós da vida, aprendi que existe o outro lado da moeda, existem pessoas que não acreditam ou simplesmente não têm valores, ou, ainda, aquelas pessoas para as quais só existe um único valor, que é seu próprio bem-estar, seu próprio sucesso, totalmente individualizado. Pode ter certeza que não foi prazeroso como pensei que seria.

O começo da bola

Com 15 anos, fui disputar os Jogos Regionais do Interior representando a minha amada cidade de Capão Bonito. Nosso time era muito jovem, entrosado e vários de nós sonhavam com a mesma coisa, que era ter a sorte de que algum time ou olheiro nos visse e nos levasse para algum time profissional, e o escolhido fui eu. O *Esporte Clube São Bento*, de Sorocaba, me viu e me convidou para ingressar em seu elenco juvenil.

Eu, que sempre trabalhei com a família, morava em uma cidade com menos de quarenta mil habitantes, e convivi com primos e amigos de infância, de repente, me vi morando sozinho numa cidade com mais de seiscentos mil habitantes – na época –, num alojamento debaixo das arquibancadas de um estádio antigo, com garotos de dezesseis a vinte anos, que tinham vindo de todas as partes do Brasil e do exterior, pois naquela época era muito comum os intercâmbios, com um único objetivo em comum: se tornar jogador profissional de futebol.

Foram quatro longos anos naquele clube. Por que longos? Por que só quem viveu num alojamento de futebol pode entender essa minha visão de tempo. Tudo lá é vivido numa intensidade absurda, é a chance de mudança de vida para quase todos ali, e a esperança de uma família inteira estava depositada naqueles garotos humildes, de famílias pobres e de lugares distantes da nossa realidade. E essas dificuldades passam a se chamar esperança, aquela capaz de transformar as pessoas; alguns se submetem até mesmo a quebrar seus valores por apenas uma chance, outros passam por cima de seus parceiros por bem pouco. Uma realidade dura? Sim. Muito dura, e, acredite, me fortaleceu, mas posso garantir que nunca me corrompeu, pois minha base de valores havia sido forjada e construída dentro de uma casa onde a família vem em primeiro lugar, por isso sou tão grato por tudo que pude viver com meus pais e irmãos, essa base de formação é o alicerce mais firme que alguém pode construir. Hoje em dia vivemos diariamente esses conflitos, são pais que transferem a educação dos filhos aos professores, são líderes que transferem a lealdade e o compromisso de sua equipe ao prêmio no final do ano, mas valores, como já dito antes, são aquilo que o dinheiro não é capaz de comprar, pois não são bens materiais, representam a cultura das pessoas, e pessoas não podem ser compradas. Ou, pelo menos, não poderiam.

Foi tudo tão intenso e mágico que, mesmo após mais de 25 anos, temos grupos de *WhatsApp* com ex-jogadores, promovemos vários jogos de final de ano para reunir a galera, quando um ou outro está com dificuldades, nos unimos para ajudar, e tudo isso porque vivemos juntos um sonho, que a maioria de nós não conseguiu realizar. É, as frustrações também unem as pessoas.

Desde que cheguei ao mundo da bola, percebi que eu era diferente. Por mais que a minha família tivesse passado por dificuldades financeiras, seria impossível comparar com as dificuldades de muitos que conheci ali; eu sempre estudei em bons colégios, sempre tive meus brinquedos, minhas regalias, fui educado com muito rigor e amor, e, de fato, isso não fazia parte da vida da maioria daqueles garotos. Isso poderia ser usado contra mim, assim como vi várias vezes acontecer quando um "riquinho" chegava ao clube, pois os jogadores mais humildes sempre se colocavam numa posição de vítima e usavam as famosas frases: "Ele não precisa disso", "Vai roubar o lugar de quem precisa". Você já ouviu isso dentro das empresas? Certamente sim, pois hoje compreendo que isso não é exclusividade desse ou daquele nicho, isso acontece em todos os meios em que as pessoas pensam individualmente, buscando apenas se garantir, com uma desigualdade mal interpretada. Por isso, é tão importante elevarmos o nosso nível de entendimento de algumas palavras, como:

- *Empatia*
- *Protagonismo*
- *Resiliência*

Onde a *empatia* é realmente exercida, devemos fazer mais do que nos colocar no lugar do outro, precisamos saber ouvir e não julgar sem antes compreender, trabalhar com o máximo de atenção com as pessoas, entender que não são apenas números, e que são elas que darão o ritmo compassado a todas as estratégias. Quando falo de *protagonismo*, estou me referindo exatamente ao contrário do que vivi no meio do futebol, pois ali não havia protagonismo, e sim individualismo, que são duas coisas completamente diferentes. O protagonismo se refere a assumir suas responsabilidades, ter aptidão para realizar, prazer em buscar novas alternativas, mostrar disposição em tempo integral e, ainda, vigiar seus parceiros para que todos estejam atentos e atuando em sintonia, o que podemos classificar como *sinergia*. Para concluir, a **resiliência** é a virtude dos líderes modernos, aqueles que se adaptam mais rapidamente às novidades, que ressurgem ainda mais fortes após os momentos de crise, que se renovam constantemente para fugir da rotina e não têm nenhum receio em pedir ajuda, pois a vaidade perde totalmente a vez para a humildade, fator de grande predominância entre os novos líderes.

Claro que hoje vejo com clareza todas essas etapas e experiências, mas, quando eu era jovem e estava empolgado vivendo o grande sonho de me tornar um jogador de futebol, não tinha nem de perto a noção básica da força de uma liderança resiliente. Por isso, sofri muito preconceito, por ter vindo de uma família de classe média, ter boa instrução, falar bem, ser articulado e ainda ter muita clareza nos meus propósitos. Sem dúvida alguma, isso assusta quem não está acostumado com questionamentos, quem prefere a Zona de Conforto; quem não tem competência detesta holofotes, pois, quando há clareza nas ações, torna-se possível encontrar detalhes técnicos e operacionais que antes passavam despercebidos. Isso acabou ficando mais nítido para mim após conhecer e ter o privilégio de dividir o palco das palestras com o ator, humorista e comediante Marcelo Marrom, pois, dentre muitos conceitos, experiências e valores que ele relata em sua palestra, uma história me chamou muito a atenção: uma dona de casa muito astuta fazia tudo sozinha em sua cozinha, seus mantimentos ficavam alocados numa despensa ao lado, e nessa despensa não tinha luz, pelo simples fato de a lâmpada ter queimado. Era essa habilidosa cozinheira quem colocava e tirava tudo de lá, ou seja, ela conhecia cada centímetro daquele quartinho, e estava tão acostumada em trabalhar assim, no escuro, que encontrava tudo o que precisava apenas com um facho de luz que vinha da cozinha. Até que um dia ela passou pelo setor de lâmpadas no supermercado e resolveu colocar uma nova lâmpada em sua despensa; para sua surpresa, quando a luz voltou, ela pôde olhar com mais atenção e achou alimentos vencidos, algumas teias de aranha, até mesmo itens que ela havia esquecido que ainda tinha em estoque e comprara novamente. Moral da história: você pode viver feliz no escuro, sem grandes preocupações e sem tantas exigências, mas, quando você vê com clareza, as responsabilidades aumentam, o controle se torna algo indispensável, as regras viram aliadas e não adversárias.

Foi exatamente o que eu causei quando me integrei aos "boleiros", pois eles não estavam acostumados com o mundo dos negócios, não tinham vivido as experiências que eu, tão jovem, já tinha vivido, não imaginavam que, se estivessem mais atentos em organizar a vida em sua volta, teriam mais tempo para focar no que de fato importava, que eram os treinos e os jogos. Estavam mais interessados em disputar quem tinha mais roupas da moda, carros do ano, as joias mais extravagantes e cabelos com estilo *fashion*. Era muita vaidade. No mundo dos negócios não é diferente; quando a vaidade reina, tudo pode se tornar um caos, pois, quando adotamos o senso comum, objetivos coletivos e resultados compartilhados, não basta montarmos times ou equipes, precisamos desenvolver as pessoas, seja no esporte, nos negócios ou na família.

Com esse pensamento coletivo de desenvolvimento mútuo, eu consegui, por mais de quatro anos, me tornar uma referência entre os jogadores, sempre era escolhido para ser o capitão, o primeiro a dar entrevistas, a negociar os valores dos prêmios com a diretoria, a questionar os treinadores sobre alguns dias de treinos puxados demais, ou algum esquema tático maluco. Mais uma vez me vi aplicando tudo o que aprendi com meu líder nato, mas é claro que isso me trouxe outras consequências, pois eu não era nem de longe um craque dos gramados, era um jogador esforçado e com muita disciplina. E quando você se expõe ao papel de líder, fica em destaque, e nem sempre é unanimidade, ainda mais quando alguns não compram essa ideia, não se comprometem com o todo, ou, às vezes, nem compreendem os verdadeiros motivos, então as coisas podem não sair como se espera, e quando os resultados não vêm, é preciso achar um culpado, ou seja, alguém precisa "pagar o pato".

Mesmo com vários altos e baixos, sempre continuei focado e determinado em chegar o mais longe possível. E eu quase cheguei, acho que faltou bem pouco, na verdade, pois tive o privilégio de jogar em estádios famosos, como Canindé e Pacaembu – que sempre estavam vazios –, mas também tive o privilégio de atravessar os oceanos e jogar em um outro continente, quando tive minha experiência em Jeddah, na Arábia Saudita.

Mas, à medida que eu ficava mais velho e as oportunidades diminuíam, a pergunta que eu mais me fazia era: Será que eu estou fazendo a coisa certa? Pois eu sabia que a minha família também precisava de mim, que estavam se desdobrando para manter tudo em ordem para me dar condições de continuar tentando alcançar o meu sonho.

Foi aí que, no meu primeiro ano como profissional da bola, cursando o segundo ano de Educação Física e com apenas dezenove anos de idade, resolvi largar a minha curta carreira como jogador. Foi uma decisão muito difícil para mim e muito surpreendente para todos à minha volta, pois meus treinadores presenciaram tudo o que eu passei, todas as minhas brigas em prol do coletivo, meus amigos jogadores viveram comigo muitas dessas batalhas, minha família dividia comigo o meu sonho, mas quem não estava bem com todos esses conflitos era eu mesmo, e hoje eu entendo a importância dessa reflexão interna, e é uma tarefa que fazemos sozinho. Foi entre muitos desses pensamentos que cheguei à conclusão mais dura, aquele que muitos ignoram pela paixão ou esperança de que a sorte bata à sua porta, pode ser que ela até venha a bater, mas, como sempre, fui muito mais razão do que emoção, não quis apostar na sorte.

Mas é claro que sempre tem um episódio ou fato marcante que nos impulsiona a tomar determinadas decisões. No meu caso, pode nem ter sido tão marcante assim, mas para mim pesou muito. Foi um episódio em que eu havia sido convocado para substituir um jogador de certa forma famoso do elenco profissional, pois ele havia se contundido num treino nas vésperas de um "Derbi" (jogo entre os times rivais da mesma cidade). Eu faria dois treinos entre os profissionais e, caso esse jogador não se recuperasse a tempo, eu entraria em jogo. Bem, quando meus colegas de quarto (todos juniores) ficaram sabendo dessa minha chance, vieram me cumprimentar e desejar boa sorte. Lembro-me do quanto eu corri, suei, me entreguei naqueles dois coletivos, estava tão focado e determinado em agarrar aquela oportunidade que chamei a atenção até da imprensa local, que perguntava: "Quem é aquele cabeludinho?". É, eu também tive os meus momentos! Brincadeiras à parte, no sábado, logo após o rachão (treino recreativo pré-jogo), eu e meus colegas fomos até o quadro que ficava na porta dos vestiários, onde era colocada a lista dos convocados para os jogos do profissional. Confesso que eu tinha quase certeza de que estava dentro, mas, para minha surpresa, o tal jogador famoso havia se recuperado, na verdade, estava mais ou menos recuperado, mas é claro que o treinador deu preferência a ele do que a mim.

Você pode imaginar a minha decepção, mas, como sempre reagi bem às adversidades, iria superar rápido e ainda seria grato pela oportunidade. Porém, você deve estar se perguntando o que essa passagem tão comum no mundo da bola tem a ver com a minha decisão de parar de jogar. Bem, essa decisão não veio logo após esse episódio, mas o que ficou sempre martelando em minha cabeça foi a imagem dos meus amigos (companheiro do time de juniores), quando descobriram que eu havia sido cortado do jogo. Muitos tentaram disfarçar, assim como muitos nem tentaram, pois estavam felizes pela minha derrota. Como assim? Você deve estar se perguntando. Simples assim, pois, se eu fosse para o time de cima, era uma vaga a menos para eles disputarem, ou seja, quando se pensa individualmente, o sucesso do seu colega de trabalho lhe representa a possibilidade do seu fracasso.

Aquilo foi muito forte para mim. Eu já tinha vivido momentos muito difíceis, mas aceitar que meus colegas não desejavam meu sucesso era algo inimaginável na minha visão de sonho.

Algum tempo depois de assumir que eu não era um jogador fora da curva, um craque, entendi que o ambiente é importante para se conquistar os resultados, e, principalmente, as pessoas são essenciais para manter todo esse ciclo em pleno funcionamento. Outro ponto que pesou muito nessa minha difícil decisão foi que eu poderia encontrar tudo isso dentro da minha casa, aliás, é lá que sempre encontraremos o paraíso, é para esse lugar que devemos sempre voltar, o *LAR*. É lá que encontramos a oportunidade para recomeçar, energia para dar a volta por cima e, ainda, recarregar as baterias com o combustível mais poderoso do mundo, o AMOR.

Capítulo VIII
De volta às origens – recomeço com o líder nato

Depois de cinco anos morando sozinho e vivenciando uma estrutura totalmente nova e bem diferente da qual eu havia me formado com as experiências profissionais antes vividas em família, estava eu voltando para a origem da minha formação, voltando para casa, para os braços da minha família e também para o seio da empresa que nós havíamos fundado e construído.

Porém, não éramos os mesmos, principalmente eu, que estava totalmente transformado pelas experiências, decepções, vitórias, derrotas, conquistas e fracassos vividos lá fora. Aquele menino de quase dezesseis anos que havia saído de casa, com os olhos brilhando e o sorriso da esperança nos lábios, havia voltado um adulto de vinte anos, mais experiente, porém com um semblante menos radiante, pois, no fundo, eu sabia que havia fracassado, e não tinha alguma desculpa corriqueira, do tipo: "machuquei o joelho", "o técnico pegava no meu pé", "só se dá bem no futebol quem tem padrinho forte". Nada disso, eu havia desistido por minha escolha, por minhas crenças e por minha visão de que eu não seria feliz vivendo daquela forma, naquele ambiente individualista e sem ética.

Voltava para casa para retomar junto com meus pais o sonho de transformar uma empresa familiar numa referência de qualidade e bons serviços prestados.

Nos primeiros dias fiquei meio recluso, mais dentro de casa do que fora, mais sozinho do que com os amigos, mas recebi todo o apoio e carinho do meu líder nato. Meu pai me acolheu como sempre, entendeu logo a minha necessidade de incorporar tudo isso, e me deixou respirar, me deu liberdade de pensar bem se era isso mesmo que eu queria.

Hoje vejo a importância desse apoio nas relações entre líderes e liderados. As cobranças são necessárias, seguir as regras também, mas o apoio nos momentos difíceis é o ponto alto de uma relação, seja ela no trabalho ou na vida pessoal. Os líderes que não apresentam essa virtude acabam se complicando em sua gestão com pessoas, são sempre elogiados pelos resultados que conquistam, mas, por outro lado, são muito questionados na maneira como lideram.

Nesses momentos, são líderes aqueles que ouvem mais, que compartilham mais, que desafiam as dificuldades em prol da equipe, que se expõem perante todos para preservar o bom convívio, enfim, aqueles que se colocam até em posições de risco para salvaguardar a união e o bom andamento de todas as tarefas e pessoas envolvidas. Sim, esse líder existe, não com grande frequência, mas, quando o encontramos, ele é facilmente identificado pela intensidade das suas ações, é ele que move a empresa para o sucesso, que está por aí, precisando de espaço para demonstrar seus propósitos.

Foi exatamente isso que aconteceu comigo. Conforme os dias iam passando, eu comecei a ir à loja de fotografia e filmagem da minha família com mais frequência. Percebi muito rápido que o que eu havia deixado há cinco anos não existia mais, estava muito melhor, por sinal, mais profissional, com mais funcionários, já divididos em setores, áreas, com o olhar atento do nosso líder, é claro, mas já sem tanta necessidade de intervenções imediatas. Naturalmente, me veio um questionamento: Será que eu terei espaço aqui? Será que eu seria mesmo necessário?

Não demorou muito e ele entrou em ação, me chamou para uma viagem até a capital para uma feira de tecnologia e informática (na época, a internet ainda era um bicho estranho). Fomos conversando durante o caminho sobre muitas coisas, mais sobre as minhas experiências como jogador do que qualquer outra coisa; na verdade, ele estava me deixando desabafar um pouco, e foi ótimo. Ser um bom ouvinte é uma das habilidades principais de um líder, e ouvir com atenção e nos momentos oportunos é ainda mais importante para esse papel.

Quando chegamos à tal feira, fiquei maluco com tanta novidade, com as pessoas bem arrumadas apresentando os produtos, os uniformes das promoters, os estandes coloridos, as primeiras câmeras digitais da marca *Kodak*, algo futurista para todos, até para a *Kodak*, que congelou a novidade e acabou engolida num futuro próximo pelas outras marcas. Enfim, era um universo tão rico em novas possibilidades, que voltei ainda mais falante em nosso retorno, mas agora não tinha nada de futebol para falar, eram apenas ideias futuristas que poderíamos aplicar em nossa empresa, o que poderíamos implantar, criar, copiar ou até mesmo desenvolver dentro desse novo mundo. Meu pai me ouvia com aquele bom e velho sorriso de canto de boca, não falava nada, apenas acenava positivamente com a cabeça, e eu nem vi a viagem passar. Quando chegamos em casa, ainda ficamos conversando um pouco mais na cozinha, minha mãe acordou e passou por nós sorrindo, como quem dizia: "tudo voltou ao normal".

No outro dia acordei mais cedo que todo mundo e fui o primeiro a chegar na loja, já querendo mudar o formato das fotos expostas nas vitrines, modificar o *layout* dos balcões, enfim, movimentar. E então a reunião familiar foi marcada. Na hora do almoço estávamos todos reunidos: meus pais, os proprietários e líderes da empresa, meu irmão, funcionário de um dos maiores fazendeiros da cidade e já proprietário de algumas cabeças de gado e, ainda, responsável pelas finanças da nossa empresa, pois sempre teve tino especial para esse setor, minha irmã, estudante de *ballet* e proprietária de uma academia de dança (que ficava nos fundos da loja), e eu, o mais novo desempregado da família, mas não deixava de ser um dos herdeiros, não é mesmo?

Com o time formado, nosso líder abriu os trabalhos de forma resumida e direta. Olhou para os meus irmãos e começou:

– O irmão de vocês voltou, e decidiu retornar para os negócios da família. Dessa forma, precisaremos alinhar tudo de comum acordo entre nós todos. Minha sugestão é a seguinte, ao invés de ele fazer parte da nossa equipe, sugiro que ele invista o pouco dinheiro que acumulou todos esses anos como atleta e comece uma nova loja em outra cidade.

Caramba! Era isso mesmo? Mas sim, foi o que todos nós pensamos, meu pai não estava me acolhendo de volta?

Nem preciso dizer que ele estava muito à nossa frente, não é mesmo?

Já havia pesquisado tudo, tinha descoberto que um distrito vizinho, a dez quilômetros da nossa cidade, iria se emancipar e com certeza precisaria de um comércio mais forte. Dessa forma, já havia encontrado o ponto para alugarmos, negociado valores e até sinalizado para a prefeitura o seu interesse, pois, se tem algo que o mundo dos negócios recebe muito bem, são os pioneiros, aqueles que chegam primeiro e com novidades. Veja o caso das inúmeras *startups* surgindo hoje em dia.

Obviamente, foi assim que recomecei, abrindo minha própria loja, com todo o suporte da matriz e da minha família, mas sozinho à frente dos negócios. Foi uma escola diferente e em tempo integral, pois todos os dias era eu mesmo quem abria e fechava a loja, trabalhava sozinho, sem funcionários, e nesse mesmo período ainda cursava Educação Física à noite numa cidade a mais ou menos 70 km dali. Saía de casa por volta das sete da manhã e voltava somente após a aula, por volta da meia-noite. Corrido, puxado, cansativo? Sim, mas extremamente produtivo.

A empresa cresceu junto com a nova cidade, formei uma clientela muito fiel, pois, como já estava planejado pelo nosso líder, aquela cidade nova e pequena iria prestigiar aqueles que acreditaram nela antes dos que duvidaram. Nossa matriz também estava muito bem, tanto que abrimos uma terceira loja em outro bairro da nossa cidade, projeto de expansão a todo vapor. Tudo ia muito bem. Opa, isso remete alguma lembrança a você? Sim, hora da reunião em família.

Todos estavam reunidos quando ele começou, desta vez sem muita conversa, pois estava com uma planta (projeto arquitetônico) aberta na mesa. Era o projeto de demolição do nosso prédio e construção de um prédio muito maior e, claro, com tudo que existia de mais moderno.

Nossa empresa estava completando dez anos e estávamos ficando defasados no que diz respeito ao *layout*, pois o prédio original era uma casa antiga, que fomos reformando ao longo dos anos, e a academia de *ballet* aos fundos estava crescendo e ficando com mais alunos do que o espaço comportava. Diante desse cenário, veio a estratégia. Iríamos alugar um novo ponto, que precisava ser na mesma rua, pois em cidade pequena o ponto é muito valioso. Teria que ter um tamanho parecido com o que tínhamos, para não perdermos a qualidade e continuarmos com todos os serviços, e, como sempre, num valor acessível. Tudo isso já estava planejado e era o esperado, mas o ponto mais importante dessa estratégia eram as questões comportamentais, pois teríamos que deixar a vida confortável que estávamos vivendo, abrir mão de alguns confortos, restaurantes, roupas novas, viagens, enfim, construção é sinônimo de aperto financeiro.

E como aquele líder nato mais uma vez conseguiu convencer a todos sobre esse novo empreendimento? Da mesma forma que das outras vezes, ele nos mostrava os benefícios mútuos, ou seja, seria bom para todos, mesmo que alguns esforços a mais e algumas privações precisassem acontecer durante esse período.

O projeto não seria apenas decorativo, para melhorar o *layout*, seria também parte de um plano de expansão dos negócios, pois ele iria acomodar num único lugar todos os negócios da família.

À frente, no ponto principal, ficaria a nossa loja de fotografia e filmagem, nosso carro-chefe, que continuaria sendo comandado pelos meus pais. Nos fundos seria inaugurada a loja e oficina de motos do meu irmão – sim, ele estava migrando de ramo, deixando os cavalos com patas para ingressar no ramo dos cavalos de potência, pois o que era um *hobby* pra ele (praticar *motocross*) acabou virando uma profissão (ele se tornou piloto profissional e, ainda, um grande empresário desse ramo de motocicletas). Já no primeiro andar ficariam os estúdios de edição e fotos, e no segundo piso, ficaria a academia de dança. Um grandioso projeto com mais de mil metros quadrados de área construída e num ponto privilegiado do comércio local. Porém, para que tudo fosse concluído conforme o planejado, precisaríamos abrir mão de muitas das nossas atividades individuais e juntar todas as nossas forças em prol desse bem maior.

Alguma dúvida da nossa decisão? Caímos dentro com toda a nossa força e disposição, abrimos mão de muitas regalias, economizamos cada centavo possível, e, de todas as mudanças, projetos e sonhos propostos pelo nosso líder, esse, com certeza, era o mais desafiador. Como estávamos muito mais maduros, já conseguíamos visualizar com mais clareza algumas possibilidades de erros que antes não eram claros, como o aumento que teríamos com as despesas fixas, saindo de um prédio de 400 metros quadrados para um de quase 1.200. Quem sabe esse seja um dos motivos pelo qual os gestores recuam em muito projetos, pois, com o aumento do prédio, vem também o aumento das despesas, e, se a receita não aumentasse nessa mesma proporção, a conta não iria fechar, além, é claro, do número de funcionários, que teríamos que triplicar. Muito antes das últimas crises políticas do nosso país, essa já era a maior das despesas de uma empresa que quer mudar de patamar.

Mesmo com essas variáveis, decidimos juntos abraçar todas as incertezas, até porque, na pior das hipóteses, estávamos investindo num patrimônio próprio e muito bem localizado. Claro que, para nós, isso era uma segurança imobiliária para o futuro, aquilo que chamamos de moeda de confiança, mas, para o nosso líder, era bem mais que isso. Você se lembra da crise que passamos com os cinemas? Pois bem, um dos maiores problemas daquela crise foi que não éramos proprietários de nenhum dos imóveis, assim, não possuíamos nenhum bem que pudesse ser vendido ou até mesmo renegociado naquele momento, ou seja, exercício de *Lições Aprendidas*; ele não correria esse risco novamente. Além de valorizar o nosso imóvel, o que não deixa de ser uma estratégia palpável de crescimento. Ainda existe mais um item que meu pai sempre enaltecia, que era a importância de se demarcar território, se posicionar como uma empresa em franco crescimento e com recursos estruturados, o que inibe a chegada de mais aventureiros, ou, pelo menos, exige que eles venham com boas estratégias e *expertise*, o que pode ser até benéfico, pois, se vierem mais bem preparados, podem elevar ainda mais a prestação de serviço do segmento, o que também promove credibilidade para todos. Essa é a verdadeira força da boa concorrência, elevar a disputa por clientes apenas pela competência.

Nossos esforços estavam intensos, proporcionalmente engajados ao andamento das obras, dentro dos prazos e com as receitas bem equilibradas, tudo rodando como um verdadeiro relógio. Estão pensando em mais uma reunião familiar? Infelizmente, desta vez não aconteceu, digo infelizmente porque nós trocaríamos tudo o que aconteceu por todas as reuniões do mundo, mas a vida não é assim, não é feita de apenas bons momentos. E, para nós, não poderia ter sido pior. As obras estavam mais de sessenta por cento concluídas, todos trabalhando muito, com três lojas físicas, vários trabalhos externos (casamentos, em sua maioria), e o nosso líder nato envolvido na cobertura das campanhas de três candidatos a prefeitos de cidades da região.

Então, em meio a esse turbilhão de trabalho, obras, ansiedade e pouco tempo para cuidar da saúde, nosso líder sofreu um grande susto, que resultou em três pontes de safena, mais de vinte dias de internação e mais de seis meses longe dos trabalhos, se recuperando. Meu pai sofrera um forte infarto. Nunca havíamos trabalhado nem vivido sem a presença dele, como iríamos continuar todos os trabalhos e ainda tocar a obra? Nesses momentos é que reconhecemos verdadeiramente a qualidade de um profissional engajado e comprometido. Damos conta de quão impactante é a sua ausência, mas tudo pode se tornar também um aprendizado. Meus irmãos e eu nos unimos ainda mais, e aprendemos algo essencial dentro de qualquer organização: "ninguém é insubstituível". Precisamos mais do que depressa assumir todas as funções do nosso líder, com certeza sem tanta qualidade no início, pois nunca cogitamos a hipótese de sua ausência, aliás, nem imaginávamos que funcionaríamos um dia sequer sem ele.

Mais uma *lição aprendida*, entender a palavra legado, que significa colocar em prática tudo o que se foi aprendido com uma pessoa excepcional, seja ele um patrão, gerente, supervisor, líder, avô, avó, pai, mãe, irmão, irmã, amigo ou amiga, com certeza alguns de nossos professores devem ter sido muito especiais, enfim, legado é o que se deixa para os outros e, principalmente, que seja útil e aplicável na vida dessas pessoas.

Com esse legado mais do que vivo em nossa vida, concluímos a obra com alguns atrasos, é verdade, pois não era um processo fácil sem o nosso líder à frente de tudo, e também foram necessárias algumas mudanças funcionais ao longo desses três anos de obra. Tantas mudanças de *layout* são feitas apenas para um projeto de reforma da churrasqueira da casa, imagine para um prédio de três andares para fins comerciais?

Conosco não foi diferente. Meu irmão, que estava em pleno processo de crescimento com a sua loja e oficina de motos, foi o primeiro a se mudar, pois não podia esperar tanto tempo, então resolveu alugar um salão maior em uma das avenidas mais movimentas da cidade, o que foi super acertado, pois hoje está muito bem estabelecido com seus negócios e, desde aquela época, só vem ampliando seu campo de atuação.

A academia de dança estava ainda mais movimentada e só um andar não seria suficiente, mas, com a saída do meu irmão do prédio, isso também foi facilmente resolvido.

Assim, inauguramos a nova *Foto Vídeo Blóes*, com a vitrine de vidros enorme que nosso pai queria: nos fundos, no lugar da oficina de motos, ficaram os estúdios de fotos e, nos dois andares superiores, a academia de dança.

Capítulo IX
Decisões novas de dúvidas antigas – líder solitário

Os capítulos seguintes se desenrolavam de forma muito diferente de quando começamos, pois, à medida que cada etapa desse processo evolutivo se concluía, o nosso líder nato se fazia cada vez menos presente. Sua saúde não era a mesma, e começamos, mais do que nunca, a pensar no futuro, em qual caminho seguir sem o comando do nosso mestre.

Meus irmãos estavam praticamente encaminhados, faltava apenas eu decidir se iria acompanhar as evoluções tecnológicas e continuar investindo nas lojas de fotografia e filmagem, ou iria partir para outra área. No caso, essa outra área era a mesma de sempre, pois, como a minha paixão pelo futebol era muito grande, eu nunca havia deixado ele de lado. Em paralelo a todos os episódios aqui já relatados, concluí minha faculdade de Educação Física, fiz pós-graduação em Treinamento Desportivo, me tornei Diretor de Esportes do Clube da cidade, coordenava e dava aula numa escolinha de futebol. Também estava assumindo algumas aulas de condicionamento físico para as mães das alunas de *ballet* na escola de dança da minha irmã, e nunca havia deixado de disputar campeonatos de futebol ou futsal, fossem eles amadores ou semiprofissionais, em toda a região. Ou seja, nunca me distanciei do mundo dos esportes e das atividades físicas.

Seguia muito atualizado sobre esse mercado, pois era figura carimbada em todos os congressos de *fitness* que existia no Brasil. Passei a observar uma tendência muito forte do crescimento das academias mais estruturadas, com várias modalidades, quase um clube, as quais, antes, só apareciam nas grandes cidades, mas agora começavam e se multiplicar em todo canto. Claro que os meios de comunicação e, principalmente, a internet contribuiu muito para esse crescimento, pois tudo estava mais acessível, exposto na rede e, mesmo nós, que morávamos em uma cidade pequena, conseguíamos acompanhar as novidades em tempo real.

A mudança

Após algumas boas horas de conversa com nosso líder nato, chegamos ao consenso de que poderíamos vender as duas filiais e ficar apenas com a matriz, e ainda nos transferirmos para um local menor, onde apenas meus pais e outros poucos funcionários dessem conta do negócio. Dessa forma, eu poderia me juntar à minha irmã e iniciar o processo de ampliação da escola de dança, transformando-a num complexo de saúde e bem-estar.

Tomada a decisão, saímos em busca das soluções, e a primeira delas era achar os compradores para as duas filiais. Porém, não era tão simples, pois tinha toda uma história por trás, na verdade, uma vida. Meu pai não queria apenas vender, ele queria que alguém desse continuidade a tudo que ele havia construído e, pasmem, acabamos vendendo para os nossos próprios funcionários. Com muitas facilidades nos pagamentos e uma metodologia de transição que só fui ver novamente recentemente, quando acompanhei algumas fusões de grandes empresas às quais presto serviço como coach nas áreas de desenvolvimento de pessoas.

Meu pai se comprometeu com todos os novos "patrões" a ficar junto com eles por mais vinte e quatro meses, para dar todo o respaldo técnico e administrativo, até que eles estivessem seguros para seguir sozinhos, e também para que os clientes estivessem seguros para seguir com eles, e eles ainda poderiam usar o nosso nome durante esse período. Também nos comprometemos a não voltar ao mercado como seus concorrentes. A mais clara e bonita negociação da qual já participei até hoje, pois tudo isso aconteceu em sua maior sinergia, todos honraram com seus compromissos e, o melhor, sem sequer uma linha de contrato escrita, tudo apenas apalavrado, como se dizia antigamente. Seria isso possível hoje em dia?

Enquanto esses dois anos de transição aconteciam, eu também aproveitei para concluir minha pós-graduação e dar andamento à nova parceria com a minha irmã. Rapidamente os resultados começaram a aparecer, pois eu estava muito atualizado e disposto a trazer todas as novidades desse recém-chegado mundo fitness para a nossa cidade. A aceitação foi muito boa e em pouquíssimo tempo já havíamos ampliado significativamente nossa estrutura, com novas modalidades, quadro de horário bem diversificado e uma equipe de trabalho atuando cada vez mais motivada.

Foi aí que minha irmã me pegou de surpresa. Lembra-se das reuniões de família que aconteciam quando as coisas estavam indo bem? Pois é, desta vez ela convocou uma em particular comigo, e, sem papas na língua, me ofereceu a parte dela na academia pois estava com um novo projeto e de mudança para o Rio de Janeiro. É claro que nem considero isso uma negociação, pois apenas assumi suas responsabilidades como gestor e dei sequência aos planos que já estavam em andamento.

O único detalhe é que decidi mudar o nome da academia, pois o nome *Vertical Academia* estava muito direcionado à escola de dança, e eu queria que as pessoas percebessem que havia mudado, que não seria apenas uma escola de dança, mas, sim, um *Complexo de Saúde e Atividades Físicas*, que fosse sinônimo de qualidade de vida, que atraísse os jovens que queriam um corpo bonito, mas também os adultos e idosos que buscavam longevidade e mais saúde.

E foi com o propósito *de promover a saúde através da prática regular de atividades física* que nascia a *CityVida Fisio Fitness*, na minha cidade natal, Capão Bonito, a qual, com muito orgulho, se mantém em plena atividade.

Foi assim que ingressei no mundo *fitness* profissionalmente, e hoje em dia continuo à frente de quatro academias: duas convencionais em cidades do interior paulista e duas *in company*, dentro de duas multinacionais. Meus negócios também ampliaram muito nesses últimos vinte anos. Sou gestor e coordenador técnico e administrativo de vários contratos de Programas de Qualidade de Vida para Empresas, com ações de Ginástica Laboral e Ergonomia.

Por toda essa trajetória, me qualifiquei muito como gestor, pois comecei em família, sendo um aprendiz atento e entusiasmado, tentei outra profissão por um período, mas retornei às origens e, logo em seguida, tive uma sócia, à qual devo muito aprendizado. Poucos anos depois, reiniciei sozinho, sendo a cabeça e os braços de todas as minhas atividades, evoluí para alguns poucos funcionários, na maioria familiares, depois precisei de mais e melhores parceiros e, hoje, componho a dedo as peças que faltam ou são necessárias para o negócio continuar crescendo, ou pelo menos se manter saudável e sustentável. Posso garantir que chegar até aqui não foi tão fácil, porém cada nova conquista ou novo aprendizado compensam cada gota de suor ou algumas horas a menos de sono.

Capítulo X
Carreira solo – liderança compartilhada

Nos primeiros cinco anos como único proprietário da academia, me dediquei ao máximo para que o negócio se consolidasse e crescesse, pois, naquele tempo, ter uma academia estável e lucrativa demandava e consumia uma energia enorme, que nem de perto se compara ao que é o mundo *fitness* de hoje. Naquela época – final dos anos 1990 –, as pessoas não tinham noção clara da promoção da saúde como necessidade, quem procurava as academias eram as mulheres, em sua maioria, e, no caso dos homens, apenas os idosos, geralmente por alguma recomendação médica. Bem diferente do que vemos nas inúmeras academias e modelos de negócio que esse segmento desenvolveu. Por isso, eu estava em todos os congressos possíveis, fazia um curso atrás do outro e, em um deles, estava eu na Unicamp, em Campinas, quando vi uma turma de alunos vestindo branco da cabeça aos pés, caminhando pela universidade com pranchetas, trenas, medidores de calor, enfim, uma parafernália de equipamentos de medição. Como sempre fui muito curioso, logo eu estava caminhando junto com eles, para tentar descobrir o que eles estavam fazendo e, assim, descobri uma possibilidade que mudaria mais uma vez o rumo da minha carreira.

Eles eram alunos da faculdade de Fisioterapia e estavam cursando o módulo de Ergonomia Aplicada ao Trabalho, algo totalmente novo para mim e para muitos naquela época, pois até hoje ainda me perguntam para que serve essa "tal ergonomia", alguns ainda confundem com "economia". Mas foi essa ciência que me levou para o mundo das grandes empresas.

Ergonomia é a ciência que estuda a relação do homem com o seu ambiente de trabalho e, segundo o papa da área no Brasil, o Dr. Hudson Araújo Couto, trabalho ergonomicamente correto é aquele que promove ao trabalhador conforto, segurança e produtividade, através de boas práticas posturais, compensações e enriquecimento de tarefas.

Não preciso nem falar que passei o resto do dia e dos meses seguintes com aqueles alunos. Fiquei apaixonado pela possibilidade de levar mais conforto postural a diversas atividades laborais e para perfis de trabalhadores amplamente diversificados, sem mencionar o principal motivador do meu interesse: ser pioneiro. Esse desafio de ser o desbravador sempre me estimulou muito, além de já ter visto ótimos resultados com quem começa na frente.

Terminei minha especialização em Ergonomia com um projeto de Combate às LER/DORT (Lesões por Esforços Repetitivos e Distúrbios Osteomusculares Relacionados ao Trabalho) e, com esse material debaixo dos braços, comecei a visitar todas as empresas da minha cidade, que infelizmente eram poucas opções, na verdade, apenas duas, uma do ramo de minério (cimento) e outra do setor florestal (eucalipto). Como eu era muito conhecido na cidade, por atuar desde criança no comércio local, fui muito bem recebido em ambas as empresas, porém sem grandes esperanças, pois era, e ainda é, muito difícil que as grandes empresas invistam em projetos novos sem comprovações científicas e sem *cases* de sucessos anteriores para servir como comparativo. Foi a primeira vez que me deparei com um problema em ser o pioneiro, e posso dizer que foi minha primeira lição do mundo corporativo.

Se não há histórico nem evidências, consequentemente, dificilmente haverá grandes possibilidades de imediato, ou seja, é preciso provar e comprovar tudo. Nesse novo mundo no qual eu estava ingressando não há espaço para o "achismo", tudo é registrado nos relatórios, tudo é pesquisado nos históricos, tudo é conduzido pelo planejamento, e tudo é mensurado pelos resultados e seus devidos comparativos, tanto interno quanto externo.

Voltei muito frustrado para a minha realidade, mas você lembra que a frustração também pode ser combustível? Pois é, quando enxergamos o copo meio cheio, é isso o que acontece com as decepções, elas são transformadas em novos aprendizados e seguimos em frente.

Voltei para a faculdade e fui pesquisar melhor os parâmetros de testes, para entender na prática como seriam as aplicações das avaliações para gerar resultados palpáveis, tudo o que os gestores me questionaram naquelas visitas e eu não tinha as respostas. Obtive resultados surpreendentes e muito animadores, pois todas as pesquisas apontavam que a prática regular de atividade física, seja ela na sociedade, em empresas, de maneira individual ou coletiva, seria a mais forte tendência dos nossos tempos. Será que alguém discorda disso?

O projeto foi refeito, e agora eu estava mais bem preparado e muito mais confiante, com o conteúdo e números que eles queriam visualizar, mas com um grande problema: precisava encontrar um caminho mais técnico e formal para apresentar novamente o projeto, pois a segunda lição que aprendi em minha primeira experiência foi que no mundo corporativo o "QI" – e não estou falando de Quociente de Inteligência, e sim em "Quem Indica" –, que é algo que pode parecer favorável em muitos setores do nosso país, principal e infelizmente na política, nas empresas de alto nível com uma área bem estruturada de *supply chain*, não é visto com bons olhos.

Foi diante desse cenário que percebi que não poderia pular etapas, que deveria seguir todas as exigências e me enquadrar nos padrões comerciais das minhas possíveis contratantes. Mas, então, como eu seria chamado novamente para apresentar o projeto? Como eu conseguiria a minha segunda chance?

Pode até parecer que todas as minhas experiências profissionais saíram de um roteiro de filme, ou de uma invenção da minha imaginação, mas, pode acreditar, as próximas linhas irão retratar exatamente como aconteceu.

Capítulo XI
Do carnaval ao empresarial – líder social

Minha porta de entrada para o mundo corporativo veio após um desfile cívico realizado em comemoração ao aniversário da minha cidade natal (2 de abril de 1997). Imagino que você já não está acompanhando muito bem essa logística, não é? Para colocar tudo em ordem cronológica exata, vou voltar um pouquinho no tempo.

Além de todas as experiências que já relatei nestas mais de trinta e cinco mil palavras, em paralelo com tudo isso, eu e mais alguns amigos de infância criamos, coordenamos e nos divertimos com um bloco de carnaval por mais de dez anos, e esse foi o mais famoso e vitorioso bloco de carnaval de salão da nossa cidade, chamado *Banana Bloco*. Tá bom, ainda não está claro o que isso tem a ver com o mundo corporativo? Vamos lá!

Nosso grupo de amigos formou o bloco de carnaval apenas com o intuito de se divertir no carnaval de salão da nossa cidade, que, diga-se de passagem, era o mais animado Carnaval da nossa região. Pois bem, a coisa foi crescendo, e o bloco foi se tornando famoso. Enquanto isso, eu me envolvia com o futebol e começamos a expandir as atividades do bloco; quando nos demos conta, tínhamos criado uma organização que promovia bailes e festas (em sua maioria para angariar recursos para as fantasias de Carnaval), criamos escolinhas de esportes (vôlei e futsal), fazíamos campanhas sociais (agasalho e alimentos), enfim, atuávamos fortemente em nossa sociedade.

Como estávamos sempre em evidência, fomos convidados a participar desse desfile cívico por um motivo muito peculiar, os organizadores estavam preocupados com a estagnação das atrações, que eram sempre as mesmas, e gostariam de algo novo para aquele ano, que fosse mais atrativo para o público, e ainda estimulasse a criatividade dos alunos das demais escolas participantes.

Foi com essa missão de criatividade e inovação que prontamente aceitamos o desafio de colocar um bloco de carnaval totalmente irreverente e formado apenas por amigos numa solenidade tão séria e de tanta exposição. Estávamos muito preocupados, pois não era a nossa *vibe*, não tínhamos nem recursos para isso, nem mesmo sabíamos o que iríamos fazer, mas nessas horas duas ou mais cabeças pensam muito melhor que uma, e uma das marcas registradas do nosso bloco era o modelo das reuniões para discutir as fantasias, músicas e estratégias das competições, pois, sempre que esses desafios surgiam, nos reuníamos na casa de um dos integrantes, com carne na churrasqueira, cerveja gelada no freezer e uma lousa com alguns pedaços de giz em mãos, e então começávamos a "viajar na maionese", falávamos sobre tudo, surgiam as ideias mais absurdas, mas sempre chegamos em algumas ações e estratégias que resolveriam a situação.

Depois de ingressar no mundo dos treinamentos e do *team building*, entendi que o que estávamos fazendo ainda na década de 1990, num churrasco com amigos, era mais um modelo de estratégia metodológica para tirar as equipes da Zona de Conforto e estimular a criatividade.

Aplicamos muito esse tipo de trabalho com vários níveis hierárquicos nas grandes empresas, onde mobilizamos toda a equipe para um hotel/resort ou simplesmente para o jardim da empresa para tirá-los do ambiente rotineiro. Contratamos instrutores de fora, de preferência de outros estados, pois até o sotaque diferente abre novas possibilidades, preparamos músicas inusitadas, aromas e comidas diferentes, decorações atípicas, enfim, tudo para estimular pontos que não pertencem à rotina daquelas pessoas. Era exatamente igual ao que acontecia em nossos churrascos do bloco, mas, na época, sem a menor pretensão de entender aquela situação como uma estratégia, a qual também tem nome "gringo", um tal de *brainstorming*, mais que uma técnica de dinâmica de grupo, é uma atividade desenvolvida para explorar a potencialidade criativa de um indivíduo ou de um grupo – criatividade em equipe –, colocando-a a serviço de objetivos predeterminados. Por isso é tão importante darmos voz às nossas equipes de trabalho, pois toda e qualquer ideia é viável até que surja uma melhor, mas os líderes precisam estar prontos e preparados para ouvir tudo atentamente, e, muitas vezes, além de ouvir, precisam saber traduzir, pois as ideias podem vir de pessoas altamente operacionais e com algumas dificuldades para se expressar de forma mais simples, portanto, o quinto hábito de Covey, *Compreender para ser compreendido*, fará sempre parte dessas dinâmicas e relações interpessoais, pois, por mais que existam metodologias, ferramentas didáticas, processos e procedimentos, serão as pessoas que irão executar, e, quanto mais envolvidas elas estiverem com o processo de criação e construção, mais confiantes estarão para colocar tudo em prática.

Estávamos acostumados com esse cenário muito criativo em nossos Carnavais, e nosso grupo apostava alto na irreverência e alegorias debochadas para chamar a atenção do público e das comissões julgadoras, mas, naquela situação, estávamos fora desse ambiente, pois não poderíamos fugir tanto dos protocolos cívicos, não tínhamos verba para grandes alegorias e, ao mesmo tempo, estaríamos sendo julgados pelo público, que era nada mais nada menos que a nossa cidade inteira. Não seria nada fácil nos adaptarmos àquela realidade e em tão pouco tempo.

Respeitando integralmente essas condições, aproveitamos as possibilidades que tínhamos e chegamos ao consenso de que atuaríamos em várias frentes. Depois de entender a importância da setorização, da divisão de tarefas e, principalmente, do papel do líder de frente, o qual é chamado de líder de produção nas empresas, criamos também o motivo principal de participarmos daquele momento, aproveitando a carona de todas as escolas que desfilavam há mais tempo, aquelas mais tradicionais, que sempre homenagearam a cidade, obviamente em virtude da data, mas também homenageavam alguma figura pública importante do nosso país, em sua maioria, políticos ou escritores de obras literárias famosas.

Conosco não foi diferente. Escolhemos um ídolo nacional para homenagear, mas não era nenhuma sumidade literária, ou algum mártir da nossa pátria, pois queríamos alguém mais atual, que estivesse próximo do nosso estilo irreverente, alguém que as crianças também conhecessem e gostassem.

Foi com essas prerrogativas que, por unanimidade, resolvemos homenagear a banda *Mamonas Assassinas*, que infelizmente estava completando um ano daquele trágico acidente.

Nossas estratégias

Pegamos um caminhão emprestado de um amigo, decoramos como se fosse um palco em dia de show, escolhemos integrantes do nosso bloco com características físicas parecidas, ou nem tanto, com os integrantes da banda, mas com cara de pau suficiente para descer a rua principal da nossa cidade fantasiados de *Batman*, *He-man*, presidiário e outras fantasias que eles sempre usavam em seus shows.

Além desse carro alegórico principal, tínhamos mais um problema, que era a banda, pois nosso bloco tocava apenas marchinhas de carnaval, e precisaríamos transformar um bloco de carnaval em uma fanfarra que tocasse *Pelados em Santos* (maior sucesso da banda).

Quem vocês acham que ficou com esse setor? Sim. Eu fiquei com esse desafio, de em menos de dois meses ensaiar um grupo de amigos, sem muitas habilidades musicais, e transformá-los numa banda marcial, ou pelo menos chegar perto disso.

Como sempre, tive muitos bons contatos e relacionamentos. Liguei para um professor de uma escola famosa por suas grandiosas fanfarras, de uma cidade da região, e, depois de muito insistir, consegui três músicos e o maestro para dois ensaios semanais até o dia do desfile. Acho que foi o primeiro grande evento de que eu participei, e, hoje em dia, um dos segmentos em que eu atuo com muito prazer é a organização das grandes festas das empresas, desde os detalhes da infraestrutura até atrações artísticas, e ainda atuo como cerimonialista, sempre conduzindo tudo com muito amor. Às vezes me perguntam de onde veio essa veia artística, mas eu sempre me esquivei da resposta, pois tinha até um pouco de vergonha de dizer que vinham das minhas experiências da juventude com carnavais entre amigos e um ou outro evento isolado, como esse desfile, mas hoje, após tantos anos, percebi que é impossível ignorar as raízes, principalmente da juventude, pois aquela busca por desafios, por liberdade e por conquistas, que são tão presentes nessa fase da vida, precisa ser revisitada com certa frequência, para não deixar que essa chama jovem se apague.

Faltando uma semana para o grande dia, estava tudo praticamente pronto. Os ensaios estavam nos ajustes finais, a decoração do caminhão estava encaminhada, nossas namoradas da época (algumas se tornaram esposas, como a minha) ensaiavam como balizas e porta-bandeiras, enfim, tudo acontecia dentro do planejado. Foi nessa hora que alguns dos nossos integrantes comentaram:

– Está tudo muito legal, mas, se tivesse uma brasília amarela, seria muito mais impactante!

Aquilo soou como música para meus ouvidos. Lembra-se do meu lema: "Se preocupe quando está quieto demais?". Pois é, saímos feito doidos em busca do tal carro. A poucos dias do evento, queríamos alugar, comprar, emprestar de qualquer jeito uma das marcas mais conhecidas daquela famosa banda. Pode parecer uma tarefa fácil, pois naquela época, e em uma cidade pequena do interior, teríamos várias opções de brasílias. Mas quem teria coragem de emprestar?

Foi então que um amigo chegou com uma brasília branca, meio caindo aos pedaços, mas com carta branca para usarmos, era o toque mágico que faltava. Pintamos o carro com tinta látex (amarelo, é óbvio), decoramos com riqueza de detalhes, e, cada vez que o motorista acelerava, uma fumaça amarela saía pelo escapamento – um dos nossos integrantes era dono da casa de fogos de artifício mais conhecida da região, foi um show pirotécnico dos anos 90 (risos).

Enfim chegou o grande dia! De forma estratégica, esperamos todas as escolas desfilarem e, depois de alguns minutos do encerramento do desfile, quando algumas pessoas até já se preparavam para ir embora, uma bateria de fogos de artifícios anunciou o começo do único desfile da fanfarra *Banana Banda Show*. Confesso que hoje, assistindo aos vídeos e revendo algumas fotos, posso dizer que não estava tão glamoroso, mas a lembrança que tenho deve ter sido influenciada pelo sentimento único de realização e de dever cumprido, algo que o dinheiro não compra. Só quem viveu pode contar, foi algo mágico para quem fez parte.

É o que conhecemos como "orgulho organizacional", quando funcionários se reúnem para fazer algo fora do seu escopo, como o "Dia de Sol", que é uma ação que algumas empresas promovem para descartar o que não se usa, limpar o que não se limpa no dia a dia, organizar os armários, enfim, botar a casa em ordem. E por que esse nome? Porque é feito em um sábado, de preferência com muito sol, pois, enquanto alguns funcionários realizam o trabalho, outros preparam o churrasco para a confraternização quando tudo estiver pronto. Foi com esse sentimento inesquecível que percorremos aproximadamente mil metros das principais ruas da nossa cidade, com todas as alegorias e os detalhes que já contei, e tocando apenas quatro músicas: abrimos com *Eye of The Tiger*, tema do filme *Rock – Um Lutador*, depois o tema do nosso carro alegórico, a música *Pelados em Santos*, para a frente do palco, que era o momento mais solene do desfile, pois apresentaríamos às autoridades, como sempre, fomos abusados, criativos e surpreendentes, ousamos apresentar nada mais nada menos que *New York, New York* de Frank Sinatra, e, para fechar, é claro, *Parabéns a Você*, em homenagem ao aniversário da cidade.

Foi uma das emoções mais intensas que eu me recordo daquela época, acredito que por tudo o que já foi relatado, mas, olhando para trás, entendo que tinha algo a mais envolvido, ou posso dizer algo a menos. Sim, menos dinheiro, menos compromisso, menos medo de errar, menos inveja, menos arrogância e menos vaidade, era apenas um grupo de amigos, de uma cidade pequena, sem grandes atrações e diversões eletrônicas, por isso precisávamos sempre inventar algo para nos reunir e divertir, precisávamos sempre estimular nossa criatividade, o que estamos perdendo hoje em dia.

Estamos aprisionando nossos filhos atrás de produtos prontos, de compensações pela nossa própria falta de tempo, pelo medo das frustrações. Eu tenho coragem de te desafiar a se lembrar de quando foi a última vez que você jogou bola com seus filhos, andou de bicicleta, soltou pipa, brincou de casinha, enfeitou as bonecas, ou simplesmente conversou sobre sua infância e juventude. Meus filhos adoram me ouvir contar as histórias e aventuras da minha infância. Quando falo de todas as peripécias que aprontamos, eles me olham em silêncio, mas eu consigo ler a mente deles, onde eles se perguntam como era possível fazer todas essas coisas.

Ao menos pensem nisso, e, se você ainda não é pai ou mãe, faça essa provocação a quem você conhece e está vivendo essa situação.

E a entrada no mundo corporativo?

Muito bem, o que essa grande aventura tem a ver com a minha segunda chance de apresentar o meu projeto de Saúde do Trabalhador para a maior empresa da nossa cidade?

É quase difícil de acreditar. No dia seguinte, acordei um pouco mais tarde, pois estava cansado além do normal, mas aquele cansaço de Rei. Como dizia minha sábia avó materna, quando tudo é intenso, exaustivo, mas dá certo, se torna extremamente prazeroso. Foi então que o telefone da minha casa tocou, e eu, ainda com aquela voz meio rouca, atendi e quase fiquei totalmente sem voz para responder o que estava sendo perguntado do outro lado da linha. Era a coordenadora corporativa da comunicação interna daquela grande empresa com a seguinte pergunta:

– Você é o responsável pela *Banana Banda Show*?

Eu não sabia se devia responder sim ou não. De repente havíamos feito algo de errado...

E ela continuou:

– Eu estava ontem no palco a convite do prefeito, e fiquei impressionada com o que vocês fizeram. Nós teremos um evento interno aqui na empresa, onde será inaugurado um Núcleo de Educação Ambiental, e toda a diretoria da empresa, inclusive o presidente a nível nacional, virá e, portanto, gostaríamos de saber quanto vocês cobrariam para abrilhantar nosso evento e também tocar o Hino Nacional Brasileiro na sessão solene de inauguração do nosso espaço.

Era algo que eu jamais imaginaria. Onde estávamos e aonde poderíamos chegar, era uma avalanche de possibilidades o que ela estava me propondo. Mas, com certeza, seria algo muito mais difícil, com uma responsabilidade ainda maior, e eu precisaria pensar, conversar com a galera, enfim, entender se daríamos conta de mais esse desafio. Porém, antes da minha resposta, ela se antecipou e disse:

– Só tenho um problema, você precisa responder agora, pois meu evento será daqui a três dias.

Para quem já estava sem fôlego, aquilo foi um golpe final. Eu fiquei sem palavras por alguns segundos, e a única coisa que me veio à cabeça foi que era a minha chance dupla – de incorporar mais uma atividade ao meu currículo e ainda ter acesso ao lugar que eu mais queria estar naquele momento. Com essa percepção de oportunidade, respirei fundo e disse:

– Claro, estaremos aí com certeza. Pode confirmar nossa presença. Só me dá um tempo para eu levantar as despesas e te passar os valores.

Agendamos uma reunião presencial para o final daquele mesmo dia, ou seja, eu teria mais ou menos cinco horas para levantar todos os custos, viabilizar os materiais, comunicar os integrantes do bloco e me certificar da disponibilidade de cada um.

Saí desesperado, procurando algum integrante do bloco para me ajudar, mas meu tempo era curto e todos tinham suas obrigações, foi aí que eu resolvi mudar os planos por minha conta e risco, pois como levaríamos o bloco? Todos trabalhavam, e o evento seria na manhã da próxima quinta-feira. Sabíamos apenas quatro músicas, que demoramos dois meses para aprender, e ainda contamos com músicos de fora para reforçar a banda. Como iríamos ensaiar várias músicas novas em menos de dois dias? Seria impossível.

Aprendi em uma palestra, com o estudioso em evolução da tecnologia, Ph.D. em Administração de Empresas, renomado escritor e um dos professores mais respeitados da UFRJ e da Fundação Dom Cabral, professor Paulo Vicente Alves, que:

__Na crise, fazemos coisas inimagináveis e nunca antes pensadas.__

Foi nesse momento de reflexão que resolvi ligar para o maestro da banda da cidade vizinha e pedir ajuda. Mais uma vez fui atendido prontamente, pois ele também tinha interesse em mostrar um projeto cultural para essa empresa, ou seja, eu estava vivendo ali meu primeiro *networking*.

Essa é uma palavra inevitavelmente relacionada com o contexto empresarial e indica uma atitude de procura de contatos com a possibilidade de conseguir subir na carreira. Apesar disso, *networking* não é uma atividade egoísta, em que você só quer se aproveitar de uma pessoa para o seu próprio bem. Deve existir um sentido de reciprocidade, o benefício deve ser mútuo, porque, mesmo que uma pessoa seja mais experiente, ela sempre pode aprender alguma coisa nova.

Resumindo, interesses iguais encurtam as negociações. Acertamos que ele traria sua banda marcial completa, com todos os seus alunos mais experientes e sem nenhum custo; precisava conseguir apenas o transporte e a alimentação do pessoal.

Nem preciso dizer o quanto minha reunião no final de tarde foi rápida, fechei os detalhes com a empresa e, no dia combinado, executamos o trabalho com maestria (com perdão do trocadilho). Foi um grande sucesso, e eu consegui meu passaporte de entrada para aquela grande empresa, à qual, ainda hoje, quase trinta anos depois, continuo prestando serviços.

Capítulo XII
Entrar é fácil, difícil é se manter – líder convincente

A apresentação havia sido um sucesso, a contratante adorou o meu empenho e, depois desse, ainda vieram muitos eventos, como organização de festa para os filhos de funcionários no mês das crianças e no Natal, e promoção de churrascos com as equipes quando batiam suas metas. Ainda atuei como monitor ambiental nas visitas da comunidade às fazendas da empresa e me tornei escoteiro para cuidar de um trabalho social patrocinado por eles. Hoje penso em todas essas experiências com muita gratidão, pois foi a minha terceira escola, foi a base de construção dos meus relacionamentos, foi onde aprendi a ouvir as necessidades das pessoas envolvidas e sempre tentar superar as expectativas, pois em eventos empresariais, sociais ou comemorativos não se pode apenas fazer o combinado, deve-se sempre surpreender, tanto quem contrata como quem participa, pois evento bom é aquele em que todos estão satisfeitos.

Porém, eu ainda não estava feliz. Com certeza estava muito grato por tudo aquilo que estava acontecendo, mas o que eu queria mesmo era uma chance de apresentar o meu Projeto de Saúde do Trabalhador para o setor de HSMT (Higiene, Segurança e Medicina do Trabalho).

Mais uma vez, compreendi que nas grandes empresas os caminhos nem sempre são únicos, o leque de possibilidades está sempre aberto, precisa haver sinergia entre as áreas, ou seja, é preciso entender as necessidades para viabilizar a implantação de qualquer novo programa. Posso até resumir um passo a passo:

1) **Descobrir a necessidade da área ou setor** (você não conseguirá atender a empresa toda num primeiro projeto).
2) **Alinhar as expectativas** (também é muito improvável que isso esteja alinhado apenas com o projeto no papel).

3) **Acompanhar a evolução** (é preciso acompanhar cada passo muito de perto para realinhar o que for preciso).
4) **Continuar as inovações** (não deixar cair na rotina, para que os picos de entusiasmo não se percam ao longo do trabalho).

Conhecendo a fundo essas etapas e também toda a cadeia, recuei novamente, pois, na minha cabeça, eu iria implantar um projeto ergonômico para cem por cento da empresa, onde iria ajustar os postos de trabalho e implantar Ginástica Laboral para todos.

Entendi rapidamente que isso não era viável. Eu precisava descobrir qual área me proporcionaria as melhores condições para esse projeto, precisava descobrir quais setores poderiam interromper sua jornada para realizar os exercícios (períodos de pausas), conhecer as reais atividades desses trabalhadores, saber suas reais exigências posturais e osteomusculares (dia típico), levantar o histórico ambulatorial das possíveis lesões relacionadas a esses itens (queixas médicas e CID's – Classificação Internacional de Doenças), e, por fim, presenciar e viver o cotidiano deles, para entender o relacionamento entre eles (clima organizacional).

A partir dessa *expertise*, hoje em dia, aplico esses quatro parâmetros para analisar as condições de todos os meus possíveis clientes, áreas e setores, seja com os programas de saúde ou até mesmo com as minhas palestras e treinamentos.

Escrevendo estas linhas, passou um filme do início da minha carreira nas grandes empresas, e um questionamento me veio com muita força: "Por que eu não estava atento a tudo isso naquela época?".

Simples, eu não tinha a experiência que tenho hoje, não havia feito aquilo em nenhum outro lugar, e pouquíssimas empresas já haviam iniciado esse tipo de projeto, ou seja, era novo para todos.

Mesmo assim, consegui a oportunidade de implantar o meu Programa de Saúde do Trabalhador com base na Ergonomia e Ginástica Laboral num único setor, com um período de teste de três meses e sem nenhum custo, nem para mim nem para a empresa contratante. Era uma oportunidade de mostrar meu trabalho e, se obtivesse bons resultados, iríamos negociar um orçamento para o ano seguinte.

É imensurável descrever a minha felicidade em conseguir aquela oportunidade. Eles confiaram em mim, me deram um voto de confiança, mesmo sem nenhuma experiência prática, e isso é muito gratificante.

Trago até hoje essa lição para o meu modelo de gestão, onde procuro dar o máximo de liberdade para as pessoas à minha volta, assim como oportunidades para quem tem vontade. Isso promove a capacidade individual e coletiva das equipes de trabalho.

Acredito que eu estava tão empolgado que cheguei como um tsunami nos postos de trabalho, num ambiente totalmente conservador, que segue as regras e os procedimentos em tempo integral, com seus uniformes pálidos e EPI's (Equipamentos de Proteção Individual), e, de repente, chega um professor de Educação Física com agasalho de tactel, tênis da moda, camiseta colorida e uma caixa de som para animar as aulas: era o mesmo que encontrar alguém de terno e gravata em Fernando de Noronha. Além desse estereótipo diferente de todos, cheguei com a animação em alta voltagem. No início, acredito ter assustado com tanta empolgação, mas foi essa mesma empolgação que me fez ficar, pois muitos comentários surgiram, do tipo: "Ele é animado, né?", "As aulas são agitadas", "Sempre tem alguma novidade!".

Eu estava implantando ali o que mais tarde fui compreender como "enriquecimento de tarefa", que pode ser apenas mudar a função e a atividade durante o dia, ou em dias alternados da semana, mas também pode ser a implantação de um programa de exercícios físicos que tenham como objetivo preparar e/ou compensar os grupos musculares que serão exigidos durante aquele período.

O meu período de adaptação foi rápido, e, em menos de duas semanas, estava integrado com as equipes e sendo muito bem aceito no dia a dia laboral daqueles profissionais.

O perigo da ZC

Sem perceber, e muito rapidamente, a ZC me pegou. Entrei na zona mais perigosa do mundo corporativo, estava me sentindo em casa, como se diz no interior. Foi nesse momento que meu mundo desabou. Ainda faltavam algumas semanas para o fim do meu contrato de experiência, quando a líder do HSMT me procurou e disse que o diretor viria do escritório central (do Corporativo que ficava na capital de São Paulo) e queria conhecer o meu trabalho, pois já havia recebido ótimos *feedbacks*.

Saí dali com dois sentimentos: o primeiro foi de alegria, pois meu projeto estava repercutindo bem dentro da empresa, e o segundo foi de medo, mas muito medo mesmo, pois eu não tinha nada documentado ou registrado para apresentar.

Imediatamente, corri para a minha sala, para tentar montar uma apresentação, na época em *slides* impressos em folhas transparentes para retroprojetores. Fiquei até tarde da noite nesse trabalho, ou, melhor dizendo, na tentativa de fazê-lo.

Foi nesse momento que entendi cada etapa do processo:

1º) ***Elaborar um projeto macro***: com objetivos gerais, de médio a longo prazo, com um panorama geral do histórico da empresa e possíveis ações de melhorias com o desenvolvimento técnico e operacional das próprias ações que serão realizadas.

2º) ***Comparar esse projeto com o mercado***: visualizar o que já foi aplicado dentro e fora daquela empresa. Entender de fato a palavra *benchmarking*, que pode se resumir em um processo de comparação de produtos, serviços e práticas empresariais, sendo um importante instrumento de gestão das empresas. No meu caso, indispensável para entender possíveis falhas que já poderiam ter acontecido em outros lugares, para não as repetir, pois eu estava em um projeto de avaliação, portanto, minimizar falhas e riscos deveria ser minha prioridade.

3º) ***Dividir as etapas do projeto***: principalmente com a criação de um projeto piloto, que deve possuir começo, meio e fim. Com prazos previamente determinados e conclusões mensuráveis de cada ciclo finalizado. Mas eu estava no auge da empolgação, e caí na tentação de mostrar sempre mais serviço, o que não quer dizer serviço de qualidade. Lembra? Muitas vezes, menos é mais sim!

4º) ***Apresentar todos os resultados conquistados em cada fechamento de ciclo***: apresentar cada etapa com seus pontos fortes e fracos, além do comparativo, o antes e depois do projeto. Como eu estava sempre com um novo projeto de expansão do programa, não fechava cada ciclo, pois direcionava o foco para o próximo passo, sem me atentar à importância de concluir as etapas em andamento. Acredito que esse seja o ponto que mais pesou em todas as minhas falhas, pois isso gera confusão e falta de organização.

5º) *Apresentar a proposta consolidada e um plano de expansão para as demais áreas*: usando como referência os resultados obtidos no projeto piloto. Como não havia um projeto piloto bem definido, e eu não finalizei cada ciclo, o efeito dominó desencadeou de forma negativa, com acúmulo de pendências.

6º) *Metodologia de ações de manutenção do programa*: é preciso identificar as ações mais seguras e que promovem maior participação dos colaboradores, ou seja, pilares de sustentação do programa. São elas que servirão de alicerce para as novas ações.

7º) *Avaliação constante*: seja através de um questionário de satisfação aplicado com cada participante, ou até mesmo com entrevistas informais. Conhecer e identificar o sentimento e a experiência de cada um é o básico para se entender o funcionamento estratégico das ações propostas. Todas as outras avaliações já mencionadas eram referentes aos meus conceitos, metodologias e técnicas, mas avaliar a satisfação dos clientes é indispensável para todos os passos seguintes, pois de que adiantará você realizar o seu projeto de forma estruturada, seguindo todas as etapas, se ele não atender às necessidades e expectativas do seu público-alvo?

Muito bem, no meu caso, eu só tinha o item 1. Ou seja, apenas o projeto macro, sem nenhuma avaliação do antes e durante, quanto mais do depois. Dessa forma seria impossível estabelecer qualquer tipo de comparativo de resultados sem nenhuma metodologia de mensuração, enfim, eu havia me empolgado e pulado etapas essenciais para o meu sucesso.

Porém, eu não tinha outra alternativa, precisava preparar alguma coisa para a reunião com o diretor, então coloquei praticamente a minha monografia e a minha ideia de projeto ideal em quarenta e cinco *slides*. Hoje, ministro palestras de sessenta minutos com, no máximo, vinte *slides*, apenas para ter noção de que o conteúdo não está no número de páginas, e sim no controle operacional, na mensuração de resultados, na divulgação das fontes de pesquisa, nos protocolos de avaliação e muita *expertise* daquele assunto.

Capítulo XIII
Palestra debutante – líder despreparado

Até hoje, com toda a certeza do mundo, foi a minha pior e mais difícil apresentação. Havia umas trinta pessoas no auditório da empresa, cargos variados, como supervisores, coordenadores, gerentes e um diretor (que tinha vindo de fora para conhecer todos os projetos). Seriam vários projetos apresentados, tanto por funcionários internos como por prestadores de serviços. Na ordem, eu seria o quinto a apresentar.

Cheguei bem cedo, junto com os primeiros que iriam falar; sempre gostei e acho importante viver o evento em sua totalidade, acompanhar todas as fases, pois assim fazemos parte, e, quando isso acontece, os exemplos e as analogias ficam muito mais próximos da realidade daquele público e possível cliente.

Enfim as apresentações começaram, e eu fiquei ainda mais nervoso, pois todas as apresentações eram de alto nível, com gráficos extremamente ricos em detalhes, *layouts* bem elaborados, condução da sequência e ordem dos *slides* muito bem respeitada, além de excelentes oratórias. Meio que sem saber como eu iria me sair, comecei a retirar alguns *slides* da minha pasta, aqueles que eu percebia que não iriam agregar em nada, pois todos os que me antecederam eram sucintos, claros e objetivos, com, no máximo, dez *slides* cada um, em uma apresentação que durava, quando muito, vinte minutos. O que eu iria fazer com mais de quarenta *slides*? Aqui cabe outra dica valiosa: saber como será a sequência do evento, o perfil do público, e como foi preparada toda a programação, desde o início até o término, essas informações farão com que a margem de erro e de assuntos repetidos se minimize.

Minha hora estava chegando, o quarto apresentador estava posicionando o último *slide*, e então eu não sentia mais minhas pernas, era um nervosismo inexplicável, a boca estava seca, as mãos estavam geladas, as pernas tremiam, e, com todas essas sensações, ouvi a mediadora chamar meu nome.

Posso comparar minha caminhada até o palco com a caminhada daquele jogador que vai bater o último pênalti da final da Copa do Mundo, é algo que se vive poucas vezes. Terminei de arrumar meus *slides* e me posicionei meio que de costas para a plateia (nunca cometam esse erro), eu precisava ler os *slides* (já demonstrando que não dominava o conteúdo). Nas poucas vezes que eu olhava para o público, parecia que era míope, pois todos pareciam estar embaçados, era o estresse tomando conta de mim. Nesse momento dificílimo, só me lembro de uma voz *santa* gritar lá do fundo do salão:

— Não vai fazer Ginástica Laboral antes de começar, professor?

Deus sempre foi muito bom para mim! Parecia que aquele grito vinha dos céus. Todos riram, inclusive eu, e o diretor que estava com as pernas cruzadas, com os óculos na ponta do nariz e se mantinha assinando documentos que a secretária executiva passava para ele, me olhou e disse:

— Por que não, professor? Estamos há mais de duas horas sentados, vamos "espreguiçar" um pouco.

Ouvindo aquele comando, todos começaram a se levantar e eu já me tornei muito mais confiante, pois agora eu estava em meu habitat natural. Dispensei o microfone e, entre um alongamento e outro, sempre vinha uma orientação e até umas piadinhas para descontrair. Foi um sucesso, todos participaram e se divertiram. Fiquei muito à vontade, o cenário estava novamente favorável.

Comecei então a apresentar desde o meu primeiro dia naquela empresa, com tudo que já havíamos realizado no setor do projeto piloto. Estava tudo caminhando muito bem, eu falava com mais segurança e a maioria dos presentes estava prestando atenção, porém o diretor continuava distraído assinando os documentos (pelo menos era o que eu achava), mas, de repente, ele levantou os olhos por sobre as lentes dos óculos de leitura, direcionou o olhar ao *slide* que estava sendo projetado na parede e me perguntou:

— Por que os resultados foram tão baixos na terceira semana de projeto?

Caramba! Nem eu, que havia feito os *slides*, havia percebido isso. Acho que por isso ele era o diretor, né? Aprendi que ninguém chega a cargos tão altos se não tiver competência, pois há muita coisa em jogo, muito dinheiro envolvido, muitas famílias que dependem do sucesso de todos os projetos. Lá em cima não há espaço para falhas, para o mais ou menos, a busca por excelência está em todos os lugares, projetos e, principalmente, no comportamento dos envolvidos.

Olhei para o gráfico, tentando encontrar alguma resposta, pois eu nem imaginava por que naquela semana, em específico, os índices haviam caído. Foi quando, mais uma vez, uma voz dos céus falou:

– Professor, essa semana aí teve feriado, e alguns tinham banco de horas e não estavam na empresa.

Fui salvo pelo gongo mais uma vez, mas, quando não se está preparado, mais cedo ou mais tarde a máscara cai e você é desmascarado, pois:

Quem não tem competência não se estabelece.

Não adianta ter carisma, conhecimento, diplomas e mais diplomas se o profissional não tem a capacidade de colocar em prática tudo aquilo que aprendeu, e esse era exatamente o meu caso. Eu estava tão mal preparado que, mesmo com muita sorte e ajuda dos demais funcionários, consegui estragar tudo. Minha avó já dizia: "quem fala demais, dá bom dia para o cavalo". Foi o que eu fiz. Se tivesse apenas agradecido à pessoa da plateia e seguido em frente, o diretor voltaria a assinar os documentos e eu passaria por mais aquela aprovação, mas não, minha boca e vontade de aparecer para o chefe eram maiores que isso, eu quis mostrar que estava no comando, quando, na verdade, não estava.

Sabe quando um colega de trabalho tem uma ótima ideia e compartilha com o outro colega? Mas, ao invés de incentivá-lo a seguir em frente, a pessoa tenta roubar a ideia? Bem, uma hora a verdade aparece. Foi aí que eu virei para o diretor e disse:

– Isso mesmo, foi feriado. E, como os funcionários emendaram, tinham "menas" pessoas nos setores.

Isso mesmo, eu falei "menas", no feminino. Pela expressão de horror que alguns rostos fizeram depois de ouvir aquela palavra, percebi que havia dito alguma besteira, e, pior, nem sabia qual era. Mas o diretor sabia, então me olhou novamente e disse:

– Então, professor, concordo com você que foi uma semana atípica, mas (respirou fundo, olhou para a secretária e continuou) a palavra menos, de acordo com a nossa gramática, *não deve concordar com nenhuma palavra, pois não deve sofrer variação. Com isso, "menas" é uma "palavra fantasma", por isso, deve ter seu uso eliminado, pois,* de acordo com a norma padrão, seu uso é inadequado. Independente da situação, sempre se deve usar menos, no masculino. Ok?

Depois desse supletivo de português em tempo recorde, eu perdi o chão sob meus pés, derrubei as transparências, fiquei mais do que vermelho, suava frio, estava completamente fora de controle.

Acho que ele percebeu o meu estado de pânico e me deu mais uma chance. Apenas me olhou e balançou a cabeça, como quem diz: "segue o jogo, perdeu o pênalti, mas ainda não soou o apito final". Tentei me recompor, mas confesso que não me lembro de quase nada do que aconteceu depois daquele fatídico "menas", exceto de ter complicado ainda mais minha situação. Sabe aquela máxima: "Tudo que está ruim pode piorar"?

Foi então que, quase no fim da apresentação, o diretor me olhou novamente e, tentando me jogar para cima novamente, disse:

– Professor, gostei do que eu vi, apenas melhore os gráficos e insira as bases das fórmulas para podermos discutir com mais detalhes esses tópicos.

Acho que eu nem absorvi o que ele havia orientado e já rebati:

– Pode ficar tranquilo, Dr. (naquela época, os altos escalões eram chamados de Dr.), irei montar tudo e anexar junto no relatório (isso mesmo, eu disse anexar junto).

Ele me olhou pela última vez naquele dia e disse:

– Isso é um pleonasmo, se você irá anexar, já estará junto.

Eu poderia ter dormido sem essa, não poderia? Claro que não, eu merecia, precisava entender que só a minha boa didática para dar aula, só o meu carisma e entusiasmo não seriam suficientes. Nesse meio, precisamos buscar a excelência, ser o melhor, estudar, ler, escrever e falar bem, pois somos formadores de opiniões.

Mas a lição final ainda estava por vir... sim, ainda tinha mais. E foi a melhor de todas as lições daquele dia, considero até uma das mais importantes para construção da minha carreira.

Lição aprendida

Eu estava sozinho no palco, cabisbaixo, segurando as lágrimas, quando alguns coordenadores e supervisores passaram por mim e me cumprimentaram, com frases do tipo:

– Valeu, professor!
– Até amanhã na aula!
– Parabéns pela apresentação!

Então não consegui mais conter o choro, pois, além do vexame que eu tinha passado, ainda teria que aguentar a galera tirando sarro. Mas um dos coordenadores que era mais próximo, pois sua esposa e filha eram alunas de dança na escola da minha irmã, percebendo minha frustração, se aproximou e disse:

– Parabéns, professor, seja bem-vindo ao nosso time!

Olhei para ele e desabafei:

– Como assim? Você viu o desastre que eu causei. Acho que não terei coragem nem de dar aula amanhã.

Então ele me olhou fundo nos olhos e disse:

– Você não entendeu nada, não é? – E continuou: – Preste atenção na dica mais importante que você recebeu hoje. Aquele homem te deu a maior das chances que um jovem com o seu talento poderia receber, pois ele te corrigiu em público. Pode ter certeza de que ele só fez isso para você melhorar. E, em resumo, ele só faria isso com alguém que ele tivesse percebido que daria conta do recado. Ele viu muito mais potencial em você do que você mesmo vê. – E então perguntou: – Quer um conselho?

Sem nem conseguir falar de tanta emoção, sinalizei que sim com a cabeça, e ele completou:

– Não desperdice essa chance. Estude mais, se prepare, entenda que o seu projeto precisa gerar resultados, e você precisa provar que esses resultados serão perenes, por isso, sem mimimi e foco no trabalho, pois você já provou que tem potencial. Basta agora assumir o controle e aparar as arestas.

Então me cumprimentou com um forte aperto de mão e saiu batendo de leve em minhas costas.

Todos saíram para o almoço, menos eu. Fiquei ali sozinho por mais de quarenta minutos, pensando em tudo, chorando mais um pouco, é verdade, mas já respirando aliviado. Quando as equipes começaram a voltar para a segunda parte do evento, eu já tinha me recomposto, e fiquei firme até o final. Conversei com todos, tirei dúvidas, agradeci a quem eu pude pela oportunidade, apenas não tive coragem de falar com o Dr., mas esse mundo é pequeno, e sonho em um dia ter a oportunidade de ficar a sós com ele, relembrar aquele dia e, é claro, agradecer muito.

Segue o jogo

Essa lição mudou a minha vida. Consegui o contrato, que atualmente é o mais antigo de todos os meus clientes, pois se mantém ativo até hoje, e ainda com vários sonhos e novos possíveis projetos a serem realizados, pois construímos um elo, um vínculo de parceria e respeito tão forte, que muitos acham que eu sou funcionário da empresa, mas não, ainda sigo como prestador de serviço terceirizado.

Daquele dia em diante, agradeço a todas as pessoas que me criticam, que chamam a minha atenção, que me corrigem quando ainda deslizo em meus erros de português. Tanto isso é verdade que dentro da minha equipe temos um ritual. Logo após o encerramento de qualquer evento ou palestra, nós ficamos por um tempo juntos discutindo sobre alguma frase ou palavra que eu tenha me equivocado, ou algum gesto ou movimento de expressão corporal inadequado que eu possa ter utilizado. Faz muito bem realizar esse exercício no calor do evento, naquele mesmo ambiente, até mesmo repetindo ou simulando os gestos, pois, quando deixamos para fazer isso no dia seguinte, aparecem as dúvidas se eu falei mesmo ou não, em qual contexto foi usada determinada expressão, enfim, quando se perde o *timing* certo, pode-se perder a valiosa chance de melhorar a performance, seja ela técnica ou comportamental. E isso não cabe apenas a palestrantes, professores, *personal trainers*, instrutores de autoescola, técnicos de desporto, enfim, se encaixa em todas as inúmeras vezes que precisamos usar a oratória ou exemplo prático em prol das futuras ações.

Os líderes modernos precisam entender essa importância, devem colocar em seus vastos currículos, além de todo o conteúdo acadêmico, a "Arte da Comunicação". Sim, arte. Não estou me referindo apenas ao ato de falar bem em público, quero ir muito além disso, quero que as pessoas sejam compreendidas, que se façam compreender, que seja de fato uma via de mão dupla, entre locutor, interlocutor e receptor, todas as esferas da comunicação eficaz. Podemos começar fazendo perguntas como: Vocês entenderam? Estão compreendendo o que estou tentando explicar? Desejam que eu repita? Está claro para todos?

Tenho acompanhado várias situações em que o orador pergunta se todos estão acompanhando o raciocínio, se estão entendendo os objetivos que ele está propondo. Todos os ouvintes balançam a cabeça em sinal de positivo, mas, quando esse líder deixa o ambiente, a troca de olhares se inicia, e todos, meio que constrangidos, ficam à espera que alguém assuma a frente e aplique a metodologia que acabara de ser explicada. Por quê? Porque, no fundo, a imensa maioria dos presentes não entendeu nada, não estava atenta, mas ninguém teve coragem de levantar a mão e dizer que não estava entendendo. Hoje em dia, parece ser proibido levantar a mão e dizer que não está entendendo, parece um crime não saber o que aquelas sopas de letrinhas querem dizer, ou as nomenclaturas absorvidas da língua inglesa, tão comuns no mundo corporativo.

Muitas empresas adotam campanhas de segurança todos os dias pelo mundo, existem diversas propostas interessantíssimas, bem elaboradas, com identidade visual atraente. Mas uma das mais simples e diretas que conheço é:

Na dúvida, não faça.

Ou seja, comunique-se, converse com seus pares, peça ajuda aos líderes. Mas isso acontece na prática? Sim e não. Infelizmente, não em sua maioria. E por quê?

Porque, quando o *não* é predominante para essa pergunta, quer dizer que estamos tratando de empresas empiristas, onde a voz dos colaboradores é pouco ouvida, vivem naquela máxima:

Manda quem pode, obedece quem tem juízo.

Em contrapartida, as empresas que têm a resposta *sim* estão a caminho da efetividade, do senso de dono, líderes que atuam pela autoridade e responsabilidade, que compreenderam a importância do cuidado mútuo, do suporte que precisa ser dado a todos, independente do grau de instrução ou nível hierárquico. Nesse modelo, a porta estará sempre aberta para todos, e o diálogo aberto acontece em tempo integral. Porém, com toda certeza, essa opção é muito mais trabalhosa, exige muito mais esforços, com níveis de atenção a tudo e a todos, estado de alerta máximo.

Todas as empresas espalhadas pelo mundo necessitam de profissionais empreendedores, que buscam o crescimento e o desenvolvimento contínuo, se alimentam das novidades, descartam as vaidades e menosprezam o desânimo.

Porém, não é nada fácil se manter nesse gás o tempo todo. Acabei de conhecer um empreendedor português (Miguel Gonçalves) que, em uma de suas palestras, apresentou um *insight* ótimo, quando disse: "A palavra Empreendedor termina com DOR", ou seja, vai doer, sim, acordar um pouco mais cedo ou dormir um pouco mais tarde para finalizar aquela apresentação; vai doer, sim, sair do trabalho e correr direto para a faculdade ou curso técnico; vai doer, sim, perder os sábados de folga dentro de uma aula de inglês ou espanhol; vai doer muito mais ficar longe da família em datas especiais em virtude da sua escala de turno, enfim, para esse desenvolvimento profissional que estamos relatando resumidamente aqui, vai doer, sim, ter todo esse esforço, mas:

Os fortes resistirão, os perseverantes se manterão, e os mais habilidosos vencerão.

Capítulo XIV
Mais uma mudança em vista – líder camaleão

Confesso que me assustava mais a cada degrau que eu subia nesse mundo corporativo, pois nem tudo era claro pra mim. Parecia existirem dois mundos distintos no mesmo meio.

Um lado era muito mais individualista, onde as pessoas se digladiavam em prol apenas dos seus interesses próprios, absolutamente individuais. Mesmo que essas pessoas vivessem nas casas cedidas pela empresa (bem próximas umas das outras), com vários recursos também ofertados por ela, usufruindo de momentos comemorativos juntos. Ou seja, mesmo vivendo tão próximos, estavam sempre distantes.

Contudo, havia um outro lado, no qual as pessoas estavam separadas fisicamente em muitos setores, diversas áreas, células com gestões completamente diferentes, separados muitas vezes por quilômetros de distância, porém, mesmo assim, respeitam as regras, os procedimentos, os valores da organização, e ainda prezam pelos bons relacionamentos, pelo bem comum, compartilhando acertos e erros, sempre em busca do crescimento do todo.

E eu, mais uma vez, fui um privilegiado, pois essa primeira grande empresa em que fui trabalhar, ou melhor, fui me desenvolver, era totalmente fora da curva. Ela tinha pessoas morando lado a lado, assim como aqueles que nunca tinham se visto, mas trabalhavam juntos. Tinha, sim, seus perrengues, mas, em sua maioria, se davam muito bem e sempre buscavam o crescimento operacional alinhado com os interesses interpessoais e familiares.

Era inevitável comparar tudo aquilo à minha experiência familiar, pois fui educado e orientado pelo meu líder maior, meu pai, sempre tentando aplicar esse tipo de gestão, sem dono e ao mesmo tempo com todos sendo donos, fomentando a independência para que todos possam decidir. Basta lembrarmos do episódio da venda do balde de sorvete de morango, eu tive total liberdade de decisão.

Acredito que tenha sido por isso que me apaixonei imediatamente pelo mundo corporativo, pois tudo o que meu líder nato tentou aplicar dentro da nossa empresa familiar, e até dentro da nossa casa, estava ali, diante dos meus olhos, eu estava tendo um *déjà-vu*, pois tudo o que meu pai pregava em nossa vida, e eu não tinha percebido com clareza na época, estava acontecendo naquela nova oportunidade como um relógio de engrenagens lubrificadas, girando silenciosamente, ritmado e pontual, sem ao menos precisar de alguém para ditar esse ritmo, pelo menos não aparentemente. Claro que todas as reuniões de planejamento e diretrizes, todos os treinamentos, todas as planilhas e *checklists* e, principalmente, as análises de resultados trazem isso para as equipes. Mas, além de tudo isso, havia um algo a mais, o verdadeiro motivo do porquê de as coisas acontecerem de forma tão ajustada, e eu estou me referindo novamente a um tal de *compromisso*, que, para mim, é a verdadeira disciplina, o encontro de ambições, a luta por sucesso, mas sem desfocar dos objetivos comuns, e, quando falo comuns, falo das pessoas.

Lembro-me do meu espanto e perplexidade quando descobri que os funcionários não tinham cartão de ponto, eles apenas preenchiam uma planilha caso suas horas fossem excedidas no final do mês, ou seja, havia confiança máxima.

Tudo aquilo estava diante de mim, e eu queria fazer parte, queria viver daquela maneira. Entrei de corpo e alma, me encontrei tanto com aqueles líderes que queria ficar ao máximo ao lado deles, para aprender, entender e fazer como eles, ou também aprender como não fazer, pois sempre existem laranjas podres. Não tenho como agradecer a nenhum líder em especial, pois todos que passaram pela minha vida contribuíram e ainda contribuem absurdamente, e de forma muito intensa, para a minha formação pessoal e profissional.

Entendi rápido que não haveria escola melhor do que aquela, onde associava a teoria à prática, juntava estudiosos com braçais, altos salários e assalariados, experientes com novatos, arrogantes e humildes, fortes e fracos. Essa é a verdadeira diversidade corporativa, equipes heterogêneas que se completam, porém essa diversidade também pode gerar estresse. Lembra-se de que quando tudo está quieto demais não é bom sinal? Pois bem, poderemos chamar esse estresse de *FRICÇÃO*. Você se recorda dos quatro **F's**? Pois bem, para mim, esse segundo F, *a fricção*, é o mais importante. Não se acomode com os bons resultados, mas também não desanime com os piores, seja inquieto sempre, todos os dias são novos, a cada amanhecer é uma chance de fazer a diferença, é por isso que a vida é tão bela, pois nada é para sempre, temos uma chance a cada minuto, uma escolha a cada segundo, uma decisão a cada milésimo, e, o mais legal, esse ciclo se repete por anos e, de acordo com suas decisões, podem ser bons anos, só depende de você.

Por isso me considero um privilegiado, pois comecei a aprender tudo isso muito cedo dentro da minha casa, depois nos clubes de futebol, depois nas escolas, nas empresas e, agora, novamente o ciclo se renova para a minha profissão e para dentro da minha família, ou seja, uma constante reciclagem.

Confesso que tento incansavelmente trazer tudo o que vivi e vivo nas grandes empresas para dentro da minha própria empresa, para as minhas palestras e cursos, assim como para dentro da minha família, pois, para mim, não são apenas regras ou estratégias, são *VALORES*.

Transição para o mundo novo...

Nesse período de transição para o mundo das grandes empresas, eu estava trabalhando mais de doze horas por dia, participando de todas as reuniões em que a porta estava aberta, perambulando por todas as partes da empresa, copiando trejeitos, frases de efeito, me tornei uma esponja, absorvendo tudo o que podia. Experimentei e gostei do sabor da informação, de estar sempre atualizado, antenado com tudo. Mesmo antes da chegada da internet, as grandes empresas estavam sempre à frente, buscando novas alternativas para produzir mais com menos.

O mais incrível de tudo isso é que, quanto mais eu trabalhava, mais eu queria trabalhar. Não me sentia cansado, pelo contrário, me cansava quando não estava fazendo nada, era algo fascinante, pois a cada reunião um novo aprendizado era adquirido, em cada convivência com algum líder um novo modelo de gestão era observado, em cada novo projeto uma nova estratégia era desenhada.

Com toda essa empolgação, evoluí muito rápido, tanto dentro dessa grande empresa quanto dentro da minha própria empresa, pois eu aplicava quase que em tempo real tudo o que eu via e aprendia de bom lá dentro. Algumas vezes até ouvi dos meus funcionários:

— Não dá pra você comparar nós, que somos pequenos, com eles, que são gigantes.

Mas eu nunca vi dessa forma, sempre acreditei que, com algumas adaptações, é óbvio, as boas práticas podem ser aplicadas em todos os lugares e segmentos, independentemente do tamanho da empresa.

Proposta indecente

Após minha segunda ampliação de escopo e renovação automática do contrato, tudo estava indo muito bem. Minha academia estava com as contas equilibradas, meus projetos sociais completamente lotados, minha função de diretor de esporte bem aceita pela sociedade do clube e minha carreira como professor Waldorf de vento em popa. Eu não disse que trabalhava mais de doze horas por dia? Mas sempre com tanto prazer, que nunca chamei de trabalho. Porém, quando tudo está tão bem, você já sabe, algo de melhor ainda irá acontecer. Não é?

Sim, foi o que aconteceu. Um médico corporativo foi contratado pela empresa – e eu devo muito ao dr. Sérgio Luiz Walter de Assis. A função dele era percorrer todas as unidades vendo o que cada uma fazia de bom em relação à saúde do trabalhador e replicar de forma corporativa, ou seja, manter um padrão de serviços e qualidade em todas as unidades. Na época, a empresa estava em três municípios do estado de São Paulo, mas em pontos extremos, nenhuma perto da outra.

Foi depois dessas visitas que fui convocado para participar de uma reunião gerencial corporativa, daquelas que só participam os que estão no topo para discutir planos de expansão e estratégias de crescimento. Minha primeira reunião desse porte aconteceu numa fábrica que ficava a quase quatrocentos quilômetros da minha cidade, e eu nunca havia pisado naquela cidade, muito menos numa fábrica tão grande e moderna. Nem preciso dizer o quanto eu já estava deslumbrado com o mundo que eu vivia na empresa em uma unidade menor e com atividade menos complexas, imagina quando pisei naquele lugar? Senti uma energia inexplicável, e só consegui compará-la à sensação que tive quando joguei pela primeira vez num estádio de futebol de time grande, a sensação de êxtase só por estar ali, mesmo antes do resultado final chegar, já te deixa feliz.

Pois bem, além de todos esses bons sentimentos, o melhor ainda estava por vir. Diversos temas foram abordados naquela reunião, e eu já estava grato só pelos aprendizados e novidades que havia conhecido, mas, para encerrar a reunião, a equipe médica corporativa dirigiu os olhares na minha direção e o dr. Sérgio começou:

— Não trouxemos o caipira aqui só para passear. — Ele sempre foi muito despojado e descontraído. — Trouxemos o Prof. Angelo Otavio aqui para lhe parabenizar pelo empenho e dedicação nos trabalhos realizados em nossa Unidade Florestal.

Eu não sabia se chorava ou gargalhava, mas ainda tinha mais:

— Gostaríamos de convidá-lo a replicar seu projeto em todas as outras plantas da empresa, e se tornar um fornecedor corporativo.

Confesso que nem sei se mais alguém ou se ele mesmo falou alguma outra coisa depois desse convite. Parecia que o mundo havia parado naquele instante, e eu estava vendo um filme passar em minha mente, mas não era um filme melancólico, do tipo que eu tinha sofrido para chegar até ali, pois nunca sofri para chegar até ali, sempre adorei viver cada etapa da minha vida. O filme que passou era futurista, era uma gama de tantas novas possibilidades, que nem deixei as propostas serem apresentadas e já interrompi dizendo:

— Com certeza eu quero.

Tudo certo, então. Se eles estavam me convidando e eu estava aceitando, agora era só começar os trabalhos!

Mas então o doutor sacramentou:

— Temos uma única exigência, você precisará se mudar para cá, pois queremos você à frente das ações aqui na fábrica, as operações aqui são mais complexas e temos muito mais funcionários aqui do que na sua cidade. Além disso, nós também moramos aqui e, dessa forma, facilitará o nosso convívio. O que acha? É possível?

Fiquei meio desnorteado por alguns segundos, não apenas pela mudança de cidade, pois estava acostumado a ser meio cigano por causa do futebol, mas sem saber como eu faria com todas as outras atividades que eu estava exercendo. Era novembro do ano 2000, essa nova etapa começaria em janeiro de 2001, ou seja, tínhamos menos de dois meses para organizar tudo em minha cidade, e também organizar tudo em minha nova cidade. Era uma loucura total, mas uma loucura que já estava em minhas veias, desde as minhas primeiras experiências no baleiro do cinema, na casa de doces, ou fotografando casamentos, tudo sempre foi muito rápido e dinâmico.

Voltei para casa sem ao menos ligar o som do carro, era tanta adrenalina e pensamentos acelerados, que rodei quase quatrocentos quilômetros sem parar nem para ir ao banheiro. Entrei em casa já depois das duas da manhã, meu pai acordou, como sempre, e me perguntou:

– E aí, o que eles te ofereceram?

Como assim? Nem eu sabia o motivo da reunião, e ele estava me perguntando sobre a proposta deles? Como ele poderia saber isso?

Ele era, e sempre será, o melhor de todos, o mais perspicaz, o mais atento e inteligente de todos que eu já trabalhei. Após ver o meu espanto com a sua pergunta, ele completou:

– Eles não iam fazer você ir tão longe para um passeio na fábrica. Eles querem você lá, não é?

Foda, né? Foi o que eu pensei. Se eu tivesse a cabeça dele, seria presidente do país, pensei em silêncio.

– E agora, o que eu faço? – perguntei com voz de choro.

– Agora? Vamos dormir, descansar e sonhar um pouco. Amanhã voltaremos à realidade e às possibilidades – concluiu o mestre.

Nem preciso dizer que não preguei os olhos, era tanta adrenalina misturada com endorfina, que o sol brilhou mais cedo naquela manhã.

Capítulo XV
Divisor de águas – afirmação como líder

Logo nas primeiras horas da manhã conversei por longas duas horas com meu mentor, e ele me ouviu sem nenhuma interrupção. Essa é outra grande virtude dos líderes excelentes, sabem ouvir como ninguém. Depois de me ouvir atentamente, começou a se posicionar – um líder não fica em cima do muro, se posiciona de forma rápida, pois tem clareza dos seus valores. E assim ele começou:

– Pelo jeito, não há nenhuma dúvida em sua decisão. É o que você deseja mesmo, não é?

Apenas sinalizei com o nosso olhar de sempre.

– Agora, você irá precisar encontrar substitutos para todos os seus empregos, projetos e negócios. Só terá o meu apoio se não deixar ninguém na mão – completou.

Acho que essas frases ficaram gravadas em um HD de destaque no meu cérebro, pois, mesmo após vinte anos, quando algum funcionário me liga numa sexta-feira à tarde dizendo que não irá mais continuar conosco porque arrumou algo melhor, tenho a vontade de nunca mais contratar ninguém, mas, alguns minutos depois, percebo que todos são livres para fazer suas escolhas, e devemos sempre respeitá-las, mas nunca numa sexta-feira e ainda por telefone. Isso é que dói. A falta de respeito com quem lhe abrigou, com os colegas de trabalho e, principalmente, com a profissão, pois nós representamos a classe de trabalho que atuamos.

Recordo-me de que naquele mesmo dia saí correndo à procura de substitutos, precisava de alguns para conseguir reestruturar toda a demanda que eu tinha. Foram nesses dias que percebi o quanto eu estava envolvido e disposto, pois para suprir os meus horários e me substituir em todos os meus compromissos precisei contratar três professores, e mais um coordenador, na verdade, um irmão, pois precisava de alguém de extrema confiança. Fui buscar numa cidade vizinha um amigo que havia conquistado na época da bola, aquele que passou por momentos difíceis ao meu lado, e agora eu poderia dividir momentos de grandes expectativas, mas também de trabalho árduo, pela frente.

Pois bem, equipe contratada, todos os projetos atendidos, mas ainda tinha algo importante para resolver: como eu faria com a minha academia? Precisava vendê-la ou arrendá-la, e então me vi novamente como quando precisávamos parar com a doceria e mudar para a loja de fotografia. Mas, para a minha sorte, meu líder estava ao meu lado, me chamou novamente e disse:

— Você já fez tudo certo com os empregos da escola, da diretoria de esporte, e com os projetos sociais, mas não se desligue da Academia, pois ela é o seu primeiro filho, foi com ela que você ingressou nesse meio da saúde, e, como já vimos essa história antes, é sempre bom ter uma retaguarda, um porto seguro, e nunca depender de uma única galinha para fornecer seus ovos, lembra?

Foi mais um dos sábios conselhos que recebi daquele Superlíder. Como você já sabe, mais de vinte anos depois, mantenho a mesma academia em minha cidade, claro que muito mais ampla e moderna. Tudo isso com profissionalismo e um modelo de gestão sempre de delegação de funções, pois, em virtude das minhas viagens entre as fábricas e florestais do grupo que havia assumido, precisei fazer a gestão a distância.

Parece que tudo foi fácil? Posso garantir que não, mas fui abençoado e privilegiado ao contar com muitos funcionários, parceiros e amigos incríveis. Gratidão eterna a todos!

Agradeço também aos clientes, aqueles que me ligaram algumas várias vezes para reclamar de algum fato, funcionário ou equipamento, pois me alertaram que as coisas não estavam acontecendo da melhor maneira.

Agradeço também a todos os líderes e gestores que implicaram com detalhes operacionais que pareciam desnecessários naquele momento, mas hoje compreendo a grandeza de todos os pontos levantados e exigidos por eles.

Ritmo acelerado

Mais dois anos se passaram com velocidade assustadora, e eu já estava muito bem adaptado àquele ritmo frenético de uma cidade bem maior que a minha.

Todos os projetos iam muito bem, mas ainda faltava alguma coisa, algumas pessoas à minha volta me achavam ambicioso demais, pois meu crescimento foi meteórico e, para muitos, já era o bastante. Porém, eu via que a exposição do meu trabalho nas fábricas daquele grande grupo poderia me projetar ainda para novos trabalhos, mesmo que sem grandes remunerações, mas com grandes novas oportunidades de *network*.

E foi então que essa minha exposição nas grandes empresas me levou a ministrar cursos nas áreas de ginástica laboral, ergonomia e gestão de academia em congressos brasileiros. E aí eu descobri a cereja do bolo, que, na verdade, não era mais um trabalho, ou um novo projeto, mas a chance de compartilhar minhas experiências com aquelas pessoas que estavam começando. Parecia a fonte da juventude, eu trabalhava a semana inteira, muitas horas por dia, e, aos finais de semana, viajava para os congressos. Provavelmente na segunda eu estaria "morto"… Que nada! Era exatamente o oposto. Eu voltava radiante, energizado, às vezes louco para estudar, porque algum aluno havia me desafiado em algum conceito e eu não estava satisfeito com minhas respostas. Era muito compensador sentir a possibilidade de ajudar com minhas experiências.

A cada novo curso, era uma nova experiência, eu voltava cada vez mais confiante por me expor na frente de estranhos, e essa confiança começou a repercutir em minhas atitudes dentro das empresas, meus clientes começaram a me chamar para abrir reuniões importantes ou, ao menos, interromper reuniões chatas e altamente técnicas com meus conceitos práticos e dinâmicos, recheados de interação com a plateia. Em algumas reuniões eu percebia que, quando eu entrava na sala, as equipes mais operacionais, às vezes chamadas de "chão de fábrica", se agitavam e me olhavam, com a esperança de que aquele momento fosse menos monótono. Se você quiser fazer as equipes operacionais desanimarem, é só colocá-las sentadas, paradas, apenas como ouvintes. Eles são extremamente agitados, com trabalhos intensos, de alta exigência muscular, portanto, minhas aulas eram bem ao estilo deles, o que me fazia ter um público fiel nessas reuniões.

O sucesso nas reuniões me levou a ser convidado por vários gerentes e coordenadores a abrir eventos muito importantes, como: SIPAT – Semana Interna de Prevenção de Acidentes de Trabalho –, Semana da Saúde, datas comemorativas, enfim, me tornei sinônimo de quebra-gelo, sempre trazendo novidades, com muito entusiasmo, e, é claro, somando tudo isso às minhas experiências anteriores e boas horas de estudo.

A cada novo evento, mais oportunidades e convites inusitados eu recebia, pois em todos os programas "chatos" com um viés mais teórico lá estava eu para quebrar a rotina.

– Venha acordar o povo – dizia um grande gestor que me chamava para todos os treinamentos das suas equipes de trabalho.

Foi dessa forma mais do que natural que, mais uma vez, estava eu migrando para mais uma nova jornada empreendedora, agora como Palestrante Motivacional.

Recentemente, participei de um Congresso em Portugal onde tive a honra de ministrar quatro palestras sobre *Alta Performance e Mudança de Mindset*, onde acabei interagindo com muitos palestrantes internacionais, e um deles, um português, abriu sua palestra me elogiando pelo meu entusiasmo e didática interativa, mas também relatou que percebeu muitos anos de experiências práticas em meu discurso. Com certeza ele fez uma leitura muito clara e objetiva a meu respeito, pois sou um reflexo das minhas experiências, e com uma essência motivacional muito presente, porém hoje em dia, mais do que nunca, reflito e falo com todas as letras que apenas motivação e experiência não são suficientes. O estudo precisa ser o carro-chefe, precisa ser sempre colocado em evidência, para não cometer erros ou falhas que poderiam ser evitados, como várias que eu já cometi e até já relatei aqui anteriormente.

Novos direcionamentos na carreira

Dessa forma, para me desenvolver como palestrante e instrutor de treinamentos *in company*, eu precisaria mais uma vez fazer escolhas e, independentemente de quais fossem elas, teria de abrir mão de alguma coisa, me reestruturar, reorganizar, encontrar mais tempo para novos estudos, mais pessoas para atuarem comigo. Isso é o que eu chamo de *Ciclo Produtivo do Sucesso*, pois o meu sucesso ainda geraria mais possibilidades para quem estivesse à minha volta, assim como para quem quisesse entrar e surfar essas ondas.

E desta vez estava diferente, pois essas mudanças não estavam sendo necessárias para sair de uma crise ou dificuldade financeira, estavam acontecendo em virtude de um bom desempenho, de ótimas oportunidades geradas pelo principal elo dessa corrente: a confiança. Eu tenho consciência de que já cheguei a ser contratado por alguns gestores mesmo não possuindo todas as qualidades técnicas de que eles precisavam, mas eles tinham total confiança de que eu me doaria ao máximo para que tudo desse certo, além de ser sempre muito acessível e pronto para qualquer mudança de escopo.

Início como coach

Hoje em dia, existem muitos cursos de oratória, formação de coachs e palestrantes, profissionais que desenvolvem *slides* e vídeos personalizados para palestras, outros que cuidam da imagem e redes sociais desses profissionais. Mas, no início da década de 2000, não era nem muito fácil citar o nome de um coach brasileiro que fazia sucesso, ou até mesmo palestrantes diferentes dos convencionais consultores técnicos.

E, como há muito tempo eu já havia sido picado pela injeção motivacional das novidades, a "InMoNo", aprendi com o mestre, dr. Hudson Couto, a trabalhar com siglas e acrônimos, que hoje fazem parte das minhas palestras e material didático, pois ajudam na memorização e chamam a atenção para o que queremos divulgar de mais importante.

Era a minha quarta reestruturação em menos de vinte anos de carreira, algo muito difícil de acontecer, pois, para mim, os ciclos de maturação empresarial duram, em média, sete anos, e eu obtive esse número de tanto observar alguns ciclos. Eu vim da filosofia Waldorf, na qual se divide a educação das crianças em setênios (ciclos de sete anos), trabalhei desde o início da minha carreira em empresas que manuseiam eucalipto, as quais mantêm um ciclo de corte de sete em sete anos, os negócios do meu líder supremo, meu pai, duravam, em média, os mesmos sete anos, ou seja, ciclos se repetindo.

Mas eu estava um tanto mais rápido, praticamente virando em ciclos de cinco anos. Será que irei pagar algum preço? Ou a velocidade das mudanças aumentou mesmo?

Estou apostando, junto com muitos outros especialistas, que sim, a velocidade aumentou, e tende a aumentar mais a cada nova descoberta tecnológica. Estamos vivendo novas eras, de um mundo muito mais acelerado, conectado, com muito mais recursos tecnológicos à disposição de todos, saindo da *era da informação* e adentrando a *era da Internet das Coisas*.

O que, mais uma vez, separa os profissionais em duas categorias: *camaleões x dinossauros*. Nem precisarei explicar com detalhes cada perfil, mas, rapidamente, a diferença entre eles é gritante:

O *dinossauro* é grande, forte, tem poder, mas, ao mesmo tempo, é lento, pesado, teimoso. Usa frases dos outros como se fossem suas, mas não as aplica. Constrói rapidamente uma carteira de clientes e, mais rápido ainda, os transforma num álbum de ex-clientes. É altamente centralizador, não divide informações, mesmo dentro da sua própria empresa, não confia em ninguém, às vezes, nem mesmo nos números que ele mesmo pesquisou. Por fim, a palavra mudança só existe para os outros, pois ele acha que não precisa mudar.

Do outro lado está o *camaleão*, absolutamente apto às mudanças, a começar pela sua própria, e, como efeito cascata, contagia todos à sua volta a mudarem também. Não consegue se segurar por muito tempo fazendo as mesmas coisas, ou, pelo menos, faz as mesmas coisas, mas de um jeito diferente, coloca regras que estimulam as inovações, pratica o ganha-ganha em tempo integral, quer visitar seus concorrentes para saber de tudo o que está acontecendo em seu nicho de negócio. Quando alguém sussurra uma novidade, ele se sente ultrapassado, e corre rapidamente atrás do prejuízo, pedindo ideias novas para suas equipes, que, aliás, são formadas por pessoas agitadas, questionadoras, proativas, desafiadoras e, principalmente, que sabem mais do que ele. Sim, ele se recusa a contratar pessoas que não tenham mais a contribuir. São equipes multidisciplinares e totalmente heterogêneas.

Me permite perguntar em qual desses perfis você mais se enquadra? Dinossauro ou camaleão?

Acredito ser um camaleão, pois estava trocando de pele mais uma vez. E com toda a certeza não será a última. A mudança está no DNA dos líderes inquietos, aqueles que querem sempre evoluir e impactar o maior número possível de pessoas, positivamente, é lógico.

Participar das mudanças de um mundo novo e melhor poder deixar um legado, uma história a ser pelo menos contada.

Alvin Toffler: escritor e futurista norte-americano. E a famosa frase de Toffler que tenho incorporado em minha nova vida é que o profissional do futuro não será aquele que aprendeu ou sabe mais, mas, sim, aquele que aprendeu a desaprender para aprender de um jeito diferente:

> *"Os analfabetos do próximo século não são aqueles que não sabem ler ou escrever, mas aqueles que se recusam a aprender, reaprender e voltar a aprender."*

Foi seguindo pessoas e conceitos como o de Toffler que, mais do que depressa, reestruturei nossa empresa e carreira, e, dentre todas as mudanças realizadas, a principal delas foi me cercar de profissionais competentes e qualificados, todos com muito desejo de se desenvolver e crescer como profissional e pessoa.

Eu tinha uma dificuldade gigantesca de me enquadrar em alguma das novas nomenclaturas desse novo mercado, pois alguns me chamavam de coach, outros de consultor, outros ainda de mentor, e ainda havia aqueles que me mantinham como professor, da qual eu mais gosto e me identifico, confesso, não sei se pelas minhas origens de professor Waldorf, ou se pela infinita amplitude que essa profissão oferece no requisito colaboração.

Digo isso pois, certa vez, fui questionado da seguinte forma por um cliente que ainda não me conhecia:

– Em quais dessas nomenclaturas você se enquadra? Você é um coach, consultor, mentor, professor ou o quê?

Esperei alguns segundos, pois não queria causar uma imagem prepotente ou arrogante logo de cara, mas então respondi:

– Me considero todos em um, pois, para ser qualquer um deles, para mim, precisa antes ser um bom professor, e essa é a minha formação e escolha de atuação. Eu quero trabalhar com a mudança de comportamento, e para se mudar qualquer coisa, precisa conhecer as consequências e os caminhos, acredito que nós, professores, teremos mais facilidades de ensinar. E, além dos estudos teóricos, dividimos principalmente nossas experiências, e, quando falo de experiências, não me refiro apenas ao tempo de serviço, mas a contato com pessoas, e de todos os níveis, desde uma criança que está sendo alfabetizada, um operário que está aprendendo as regras básicas, ou até mesmo um CEO que precisa de esclarecimentos didáticos para estimular suas equipes.

E este é o meu novo manifesto:

Estudar incansavelmente, trabalhar com muito prazer, buscar a excelência e entregar tudo sempre com muito AMOR.

Quero sempre continuar estudando, me firmar como um excelente orador, atuar mais como pesquisador para compreender melhor os anseios da humanidade e, principalmente, estar cada vez mais preparado para atuar como um formador de opiniões, um influenciador do bem, sempre atento às particularidades de cada situação e muito perspicaz às possibilidades das novas mudanças desse mundo tão acelerado.

Desejo trocar experiências com tantos outros que ainda virão, sempre buscando o autoconhecimento e o desenvolvimento como profissional e pessoa.

Quem sabe, eu poderia resumir em apenas querer ser um ***líder por AMOR***.

Capítulo XVI
Profissional do futuro – líder moderno

Alguns estudiosos do mercado corporativo e comportamental cogitam a possibilidade de que o profissional do futuro tenha, no mínimo, cinco profissões ao longo de sua carreira, devido à velocidade com que as inovações tecnológicas atingem algumas cadeias de trabalho e, consequentemente, várias profissões.

Eu não consigo me assustar tanto com isso, pois, antes de completar meus 45 anos, já havia passado pela minha quinta transição de carreira. Posso me questionar sobre isso, perguntando: "Será que eu acelerei o processo de mudança da minha carreira?".

Confesso que apenas hoje, estudando esse assunto, é que consigo me questionar sobre alguns estágios que eu possa ter pulado no decorrer da minha vida profissional, pois tudo aconteceu sempre de maneira tão rápida e intensa que eu nunca pensei que teria outra forma de acontecer.

Sempre encarei como ciclos renováveis de mudanças. Quando analisamos as revoluções industriais – que aconteceram devido a uma mudança tecnológica ou comportamental, em que a necessidade da mudança se fez, e ainda se faz, necessária para a sobrevivência das cadeias produtivas –, acredito que a diferença entre esta que iniciamos em 2016 e as demais é que a velocidade da mudança será algo talvez difícil de acompanhar. Segundo Klaus Schwb, em sua obra *A quarta revolução industrial*, isso ocorre em virtude de três pilares:

- *Velocidade*: uma vez que o mundo está mais conectado, os meios de difusão de novas tecnologias são muito mais eficazes.
- *Alcance:* assim como a velocidade com que surgem novas tecnologias, seu alcance é muito mais abrangente.

- ***Impacto em sistemas:*** a Quarta Revolução Industrial afeta diretamente nossos sistemas políticos e econômicos.

Muita coisa pode não mais existir daqui a alguns anos. Isso não é nenhuma novidade, afinal alguém se lembra da última vez que revelou uma fotografia em papel? Ou ficou muito estressado porque se esqueceu de devolver as fitas de vídeo VHS na videolocadora?

É, muita coisa acabou em virtude da criação de novas tecnologias. Mas o que está amedrontando desta vez é que as mudanças agora podem acontecer em meses, e não mais em anos. Segundo a Lei de Moore (publicada na *Electronics Magazine* em um artigo de 19 de abril de 1965), de Gordon Earle Moore, a cada dezoito meses algo que parecia muito inovador poderá parecer obsoleto.

Trazendo isso para as minhas experiências, posso garantir que os ciclos estão, sim, se repetindo, porém numa velocidade assustadora. Meu pai demorou praticamente toda a sua vida profissional, aproximadamente trinta anos, para migrar quatro vezes de profissão. No meu caso, com apenas quinze anos de carreira, ou seja, metade da dele, já estou na minha quinta profissão.

Como será a carreira do meu filho, que irá ingressar no mercado de trabalho daqui a, no mínimo, dez anos?

Que conselho eu poderia dar a ele sobre o seu futuro profissional?

Uma coisa eu sei, dificilmente ele poderá responder como eu respondia quando tinha a idade dele, pois, naquela época, quando alguém me perguntava o que eu queria ser quando crescesse, a minha resposta era a mais clara e objetiva possível: "Eu quero ser igual ao meu pai".

Acredito que ele não poderá criar essa expectativa. Para ser um líder moderno, já não basta mais ter talento e habilidades técnicas, o futuro exigirá um esforço grandioso em relação às nossas fraquezas e dificuldades, será necessário nos tornarmos mais versáteis e com uma capacidade de mudança incomparavelmente mais rápida. Nos tornaremos ainda mais focados e atentos às necessidades dos outros, com um novo olhar mais empático e solidário, pois compreender essas necessidades será a nossa grande estratégia.

– Alguém poderá sair na frente?

– Claro! Aqueles que entenderem a força da palavra AMOR.

– Mas o que o amor tem a ver com isso?

Tem tudo a ver! Bem resumidamente, AMOR é o cuidado que temos com alguém. Claro que não é qualquer cuidado, é o ponto mais forte dessa palavra, que do nosso dicionário se classifica como adjetivo, interjeição e substantivo masculino, e sua definição é *cuidado*, que é:

- *Demonstração de atenção*; em que há cautela, prudência: cuidado ao atravessar esta rua.
- *Aplicação e capricho ao realizar algo*; zelo, esmero: trabalhava com cuidado.
- *Atenção maior em relação* à preocupação: ele necessita de cuidados.
- *Dever de arcar com seus próprios comportamentos ou com as ações de outrem; responsabilidade*: cuidado com a saúde e com a vida.

Cuidado + Responsabilidade = Amor

O líder do futuro conviverá com máquinas mais inteligentes do que nós, *seres humanos*, mas ainda existirão pessoas para liderar, com mudanças acontecendo o tempo todo e em todos os segmentos, ou seja, se hoje já é difícil convencer algumas pessoas de que é necessário se atualizar e mudar, imagine se essas pessoas não conseguirem acompanhar a velocidade dessas novas tendências? A resposta é: teremos mais *responsabilidade* para administrar as mudanças e mais *cuidado* para liderar as pessoas.

Por isso, afirmo com muita propriedade que ainda não encontrei nenhum procedimento, regra ou orientações técnicas que fossem mais objetivos do que o AMOR, e estou me referindo ao Amor Incondicional, o *Amor Ágape*, aquele que nos foi ensinado por Deus, que traz a base desse cuidado e responsabilidade que acabamos de ver.

O *Amor Ágape* deve ser o HD rígido, a central de memórias, a nuvem que retém as informações mais antigas e mais recentes, é a base de valores em que todo ser humano deveria ter sido educado desde o início.

A obra *Os quatro amores*, título da tradução para o português da obra de não ficção de C.S. Lewis, *The four loves* (Irlanda, 1960 – Editora Harvest Books), explora a natureza do amor na perspectiva cristã.

Amor fraternal – Storge: *é o afeto com a família, especialmente entre os membros da família ou pessoas que se encontraram nesse círculo social. É descrita como a mais natural, emotiva e difundida forma d*e amor.
Amizade – Philia: *é uma forte ligação entre pessoas que compartilham um interesse ou uma vida comum, é a amizade entre amigos e companheiros.*
Amor romântico – Eros: *é o amor no sentido de "amor romântico". Muitas vezes associado à sexualidade e suas vertentes, com seus pecados e prazeres. Lewis identifica o Eros como* indiferente. Isso é bom porque promove a apreciação do amado com todo o prazer que puder ser obtido dele.
Amor incondicional – Ágape: *é um amor considerado divino e incondicional.*

Depois de ler, pesquisar e refletir sobre tudo isso, e, é claro, incorporar as minhas experiências, faço mais um questionamento:
– É possível unir todos os tipos de AMORES?

Altruísmo

Acredito que seja impossível unir os quatro amores ao mesmo tempo e em apenas um sentimento, em contrapartida, penso que vivê-los em sua essência trará o amadurecimento necessário para compreendê-los, podendo, juntos, fortalecer ainda mais os relacionamentos.

Eu ainda poderia citar como ação de comportamento interior, que promove o fortalecimento dessas filosofias de vida, a força interna do *altruísmo*, que é um tipo de comportamento encontrado não só em seres humanos, mas também em outros seres vivos, em que as ações voluntárias de um indivíduo beneficiam outros. É sinônimo de Filantropia. No sentido comum do termo, é, muitas vezes, percebida como sinônimo de solidariedade.

A palavra "altruísmo" foi criada em 1831 pelo filósofo francês Auguste Comte e caracteriza o conjunto das disposições humanas (individuais e coletivas) que inclinam os seres humanos a dedicarem-se aos outros.

Uma pergunta que sempre me fazem quando estou discutindo ou proferindo uma palestra sobre esse tema é:

Por que eu defendo o Amor Ágape e não o Philia para o ambiente de trabalho?

Deixarei aqui mais uma humilde vivência pessoal desses poucos quinze anos de carreira percorrendo empresas pelo Brasil e em alguns outros países. Faça a seguinte reflexão: passamos mais tempo com nossos colegas de trabalho ou com a nossa família? Sentamos mais à mesa ao lado dos nossos colegas de trabalho ou dos nossos familiares? Discutimos mais sobre as falhas e pontos de melhorias com nossas famílias ou com colegas de trabalho? Com quem participamos de festas e *happy hours*?

Enfim, foi uma fácil percepção. *Não foi?*

Depois que se vive o chão das empresas é que se tem a verdadeira noção sobre isso, pois a convivência é tamanha que eles deixam de ser apenas colegas de trabalho e passam a ser irmãos.

Em 1999, uma equipe de colheita mecanizada chegou em minha cidade. Fui chamado para dar um suporte geral a esses trabalhadores, pois, como iriam passar uma temporada de aproximadamente seis meses lá, queriam alguém local para orientá-los em relação aos melhores restaurantes, assistência médica, hotéis, academias, momentos de lazer, enfim, ambientá-los naquela situação provisória, mas que não era confortável para eles, pois ficar longe da família em uma cidade diferente, numa região distante e com outros costumes não é para qualquer um.

Logo percebi que os grupos estavam definidos, e eles eram muito unidos, para não dizer fechados. Eu comecei a acompanhá-los em diversas ações, desde exames periódicos, festinhas do aniversariante do mês, até emergências mais sérias, como a de um acidente de trabalho, por exemplo. É claro que isso me aproximou daqueles antes desconhecidos, porém o que me chamava mais a atenção e, confesso, me incomodava um pouco era a forma como eles me recebiam. Vou explicar: quando eu chegava ao ponto para esperar o ônibus do primeiro turno eram por volta das cinco horas da manhã, e no mês de julho, na minha região, as temperaturas chagavam facilmente perto do zero grau, então imagine a animação das pessoas que estavam ali temporariamente, tentando se adaptar àquela mudança brusca, pois todos vinham de uma das regiões mais quentes do estado de São Paulo. Literalmente, o clima não era bom. Ficava cada um no seu canto, todos meio que encolhidos, tentando encontrar um lugar para fugir do vento e, às vezes, da garoa fina, mas o que me chamava a atenção era a maneira como eles se cumprimentavam e a maneira como me cumprimentavam.

Entre eles era mais ou menos assim:
– E aí, bom dia, irmão! – Seguido de um abraço ou aperto de mão forte.
Porém, comigo era:
– Dia, professor! – Seguido de um acenar com a cabeça ou apenas com o olhar.

Não sei se aquilo me incomodava, ou eu apenas achava bonita a cumplicidade entre eles. Os meses foram se passando, as amizades foram se formando, e eu, incansavelmente, dava conta de todos os horários, passando pelos mesmos perrengues que eles, até que, aos poucos, o cumprimento foi melhorando, comecei a receber um:

– Bom dia, irmãozinho!

Seguido de um aperto de mão mais forte do que antes, é verdade que ainda muito diferente do deles, mas já era uma melhora significativa em nosso relacionamento. Continuei fazendo as mesmas coisas, acho até que ingênuo demais em alguns momentos, mas eu era apenas um jovem se posicionando num novo mundo.

O tempo passou muito rápido e, sem nos darmos conta, havia chegado a hora de voltarem para sua região, pois haviam finalizado a colheita naquelas fazendas em tempo recorde (a saudade faz coisas incríveis). Foi então que sugeri uma festa de despedida, pois ficamos ali envolvidos naquela operação por mais de nove meses, e eu achava importante encerrarmos aquele ciclo. Mas, em vez de me dar atenção, todos riram com minha ideia, fiquei meio constrangido, mas enfrentei a galera e perguntei:

– Por que as piadinhas? Vocês já organizaram tudo? Não precisam mais da minha ajuda?

Nesse momento, o pessoal começou a trocar dinheiro, como em uma casa de apostas, um apontava para o outro e riam, e eu ali, sem entender nada. Até que um dos mais desinibidos disse no meio da roda:

– Nós fizemos algumas apostas com o seu nome, professor, estava em oito pra dois que você não aguentaria um mês no nosso ritmo de trabalho.

Caramba! Eles não tinham botado fé em mim. Entre uma piadinha e outra, eles foram me contando que alguns haviam apostado alto que eu iria desistir rápido e, por isso, tentavam me intimidar, me tratavam com certo descaso, só para que eu desistisse. Mas o tempo foi passando, eu fui conquistando o respeito deles, e, à medida que o trabalho ia evoluindo, alguns ainda dobraram os valores, mas eu havia quebrado a banca, como um bom azarão.

Após entender as piadas e as brincadeiras, voltei a perguntar:

— Mas e a festa? Não vamos fazer nada mesmo?

Foi aí que tive uma das maiores surpresas da minha vida. O técnico de segurança, um dos mais importantes que passou em minha carreira (sr. Gilberto do Carmo Freire), um profissional de poucas brincadeiras e muito sério, dedicado ao extremo e apaixonado pela profissão, me olhou e, com todos já em silêncio, disse:

— Não vai precisar de festa, professor, pois queremos que você siga conosco para a nossa região. Agora você faz parte da família, irmão.

Nem nos meus sonhos mais entusiasmados e otimistas eu pensaria que uma proposta de emprego seria tão empolgante. Era algo surreal para mim. De um favor que me haviam pedido, eu me tornaria um influenciador de pessoas, de momentos, de humores e, por que não, de amores, pois até filhos nasceram depois daqueles nove meses de colheita, mas essa é uma outra história... (risos).

Por essa curta lembrança, posso dizer que meu início foi duro, difícil, mas muito mais feliz e com excelentes aprendizados. Foram essas experiências que me fizeram, hoje, um palestrante feliz e com sede de crescimento nas veias. Entendo que podemos, sim, ajudar as pessoas, mesmo que indiretamente.

Por isso, acredito no *Amor Ágape*, não apenas em nossa relação com Deus, mas no sentido de que somos sua imagem e semelhança, dessa forma, devemos AMAR o próximo sem distinção. Se colocarmos esse amor em prática, os demais amores se completarão e fortalecerão a união entre as pessoas.

Os sinais do amor

Quando comecei a ministrar palestras em empresas, percebi a falta que o AMOR faz nos ambientes de trabalho, pois grande parte das pessoas não está feliz ali, geralmente porque não está exercendo sua profissão, independente do motivo. Mas é algo de que ela precisa, então se sujeita àquele trabalho porque se faz necessário para pagar as contas. Assim, surgem frases duras do tipo:

— *É o que tem pra hoje.*
— *Melhor com ele do que sem ele.*

– Tô mandando currículo por aí.
– Quando pintar algo melhor, vazo fora.

Esse é um dos motivos pelos quais temos tanta dificuldade em montar equipes comprometidas, pois, na verdade, os colaboradores não querem estar ali, quanto mais fazer parte dessa equipe.

Passei por vários conflitos no início da minha carreira, pois meu modelo de empresa era a minha família, onde tudo era dividido, compartilhado e multiplicado. Tanto os bons quanto os maus momentos, pois nossos ideais e propósitos eram únicos: "Viver bem!".

Com alguns bons anos de estrada, subindo e descendo dos palcos de muitas empresas espalhadas por esse nosso imenso país, convivi e interagi com muitos perfis diferentes de líderes, os quais se moldam a diversos modelos de gestão, sempre focados em bater suas metas e alcançar os resultados que, consequentemente, irão gerar suas remunerações e até premiações.

Claro que isso faz parte do jogo, e, sim, serve como estímulo. O problema é quando esse é o único estímulo, quando as pessoas começam a passar por cima de seus princípios e valores para alcançar seus interesses.

É nesse estágio que precisamos entender o que são valores de meio e o que são valores de fim. Valores de meio são aqueles que atendem às nossas necessidades básicas e valores de fim são aqueles que alimentam a nossa alma. Por exemplo: há pessoas que colocam o dinheiro como valor de fim, dessa forma, elas viverão sempre em busca de conquistar cada vez mais dinheiro. Já quem coloca o dinheiro como valor de meio, entende que ele é só um meio para sanar as necessidades, e então buscará os valores de fim, como liberdade, qualidade de vida, felicidade e AMOR.

Não pode ser uma escolha apenas comercial, precisam ser levados em conta todos os porquês, pois as respostas, com certeza, todos nós já temos. Simon Sinek (autor britânico-americano, palestrante motivacional e consultor organizacional), autor da obra *Start with why* (*Comece pelo porquê* – na tradução para o português), em 2009 iniciou um movimento que ficou conhecido como o Círculo Dourado, no qual, para qualquer dúvida, devemos fazer três perguntas: "O quê?", "Como?" e "Por que?", porém repeti-las nos dois sentidos: 1º) De fora para dentro e 2º) De dentro para fora.

Imagine que o entrevistador para uma vaga de emprego perguntou ao candidato (de fora para dentro):

– *"O QUE"* *você procura vindo trabalhar aqui?*

A resposta foi rápida:

– *Procuro um bom emprego.*

– *Mas* *"COMO"* *você se manterá aqui?*

Mais uma resposta rápida:

– *Seguindo as regras, horários e normas. Enfim, fazendo tudo o que mandam.*

– *E* *"POR QUE"* *você quer trabalhar aqui?*

Sem titubear, a resposta foi:

– *Porque preciso pagar minhas contas.*

A minha pergunta para você, leitor, *é:* existe esse tipo de profissional nas empresas? Ele existe na sua empresa? No seu setor? Senta ao seu lado?

Sim. Com toda a convicção, infelizmente existem muitos funcionários espalhados pelo mundo que pensam dessa forma.

Algum mal nisso? Até ontem não, mas, a partir de hoje, quem sabe, pois o mundo moderno das empresas excelentes busca sustentabilidade, creditações, certificações, ISOS e, principalmente, credibilidade em seus produtos e serviços, assim como em sua imagem. Apenas bater metas ou dar lucro não é mais suficiente, e, para esse algo a mais, é preciso ter profissionais muito mais preparados e conscientes desses desafios.

Por isso, as perguntas deverão ser feitas no sentido oposto, de dentro para fora:

– *"POR QUE"* *você quer trabalhar conosco?*

A resposta do profissional moderno:

– *Para conquistar minha realização profissional e colocar em prática tudo o que eu aprendi e ainda irei aprender aqui dentro.*

– *"COMO"* *você quer fazer isso?*

Esse profissional responderia:

– *A empresa me dará condições e eu trarei meu conhecimento, expertise e muita dedicação.*

– *Mas* *"O QUE"* *você busca vindo trabalhar aqui?*

A melhor das respostas:

– *Eu busco conquistar meu espaço, me firmar e trabalhar aqui por muitos anos.*

Além de mudar a ordem das perguntas, mudou o sentido das respostas. Onde existe um propósito, as metas e os objetivos são muito bem direcionados e nenhum dos envolvidos abrirá mão de seus valores.

Esses propósitos são trabalhados inicialmente dentro das famílias. Pense em todas as vezes que o seu pai entrou na sua casa depois de um dia cansativo de trabalho... Quais foram as primeiras frases que ele disse? Foram frases do tipo:

– *Eu não aguento mais isso.*
– *Meu chefe é um carrasco.*
– *Se eu pudesse, nunca mais voltaria lá.*

Se uma criança for criada sob esse modelo de estrutura familiar, com esse exemplo de relação entre o pai e o trabalho, será que ela terá motivação no seu trabalho quando crescer?

Por isso os nossos exemplos são tão fortes. Eu nunca vi meu pai reclamar de nenhum trabalho, mesmo aqueles que não davam tão certo. As frases que eu mais ouvia eram:

– *Não conseguimos finalizar hoje, mas amanhã com certeza entregaremos tudo.*
– *O pessoal não chegou no horário, mas depois conseguimos recuperar.*
– *Até eu estava meio desanimado com esse frio, mas, depois que o corpo esquenta, ninguém segura.*

A palavra tem muito poder. Quando se fala coisas depressivas ou desmotivadoras, as reações acompanham a mesma tendência. Mas, se sempre olharmos para os pontos positivos, a recíproca também será verdadeira.

Amor nas empresas

Acredito tanto na força do AMOR que hoje em dia penso que dificilmente vou mudar o rumo da minha carreira novamente, pois já faz mais de dez anos que atuo como palestrante motivacional e coach de resultados. Um recorde perto da média de cinco a sete anos dos meus primeiros ciclos.

E tudo isso vem acontecendo de maneira muito natural, em que eu consigo defender minha tese da importância do amor em qualquer ambiente, mesmo naquele ambiente frio de algumas empresas. Muitas empresas também estão entendendo que o amor não precisa ser tão romântico e, ainda assim, pode gerar grandes resultados, pois, como já dissemos aqui, tem muito mais a ver com empatia, respeito, humildade, companheirismo, altruísmo e propósito.

Mas, para conseguir bons resultados, precisamos sempre de ótimas análises de perfil, equipes multidisciplinares e continuidade das ações. Isso precisa fazer parte da cultura da empresa. E, para tanto, a mudança de hábitos e a inclusão de novos comportamentos são as peças-chaves.

- *Hábito:* substantivo masculino – ação que se repete com frequência e regularidade; mania.
- *Comportamento:* substantivo masculino – *modo de se comportar, de proceder, de agir diante de algo ou alguém. Conjunto das atitudes específicas de alguém diante de uma situação, tendo em conta seu ambiente, sociedade, sentimentos etc.*

Posso dizer que os hábitos estão diretamente ligados às suas ações individuais, e o comportamento é a sua ação diante de uma situação, portanto, quanto mais fortalecermos os hábitos, melhores serão os comportamentos em equipe, família e sociedade.

Quando comecei a acreditar nessa teoria com mais firmeza, meus horizontes como palestrante, coach e professor se expandiram de uma maneira jamais imaginada por mim, a ponto de eu ser convidado a palestrar sobre assuntos totalmente fora das minhas origens, como: Direção Defensiva, Cuidados com Agrotóxicos, Cinco S's, Seis Sigmas, Comportamento Seguro, Qualidade Total, Meio Ambiente, Inovações, Reeducação Financeira, Alta Performance, Vendas, Comunicação Eficaz, enfim, são muitos assuntos diferentes, mas que precisam sempre da mesma base, o bom relacionamento. Por isso, levar o AMOR para dentro das empresas é a minha missão.

Foi assim que escrevi a minha primeira palestra para falar de amor, a qual deu origem a inúmeros excelentes trabalhos, inclusive este livro.

Agora, como você já sabe, eu adoro um acrônimo, e foi o acrônimo da palavra AMOR que me projetou a nível nacional:

Atenção
Motivação
Organização
Responsabilidade

O **A** de AMOR representa **ATENÇÃO** às atitudes, pois, se não houver atenção a tudo o que acontece em volta, com certeza haverá dificuldade em interpretar os sinais, os ruídos, as reclamações e os pontos-cegos. Sim, é preciso ficar mais do que atento, estar ligado em tudo, conectado com o profissional e o pessoal, pois um interfere no outro a cada novo episódio. Quando o líder ignora isso, passa a se esconder em crenças limitantes que não permitem o desenvolvimento das pessoas à sua volta, e muito menos a sua própria evolução.

ATENÇÃO VERDADEIRA é o mesmo que ALTRUÍSMO EFICAZ

Esta é uma filosofia de vida e um movimento social que aplica evidências e a razão para determinar as formas mais eficazes de beneficiar os outros.

Encoraja as pessoas a considerarem todas as causas e ações e a atuarem de maneira que traga o maior impacto positivo, com base nos seus VALORES.

Quando escutamos o outro, entendemos seus anseios e, assim, poderemos ajudá-lo.

Lembro quando falei de amor numa empresa pela primeira vez. Foi uma quebra de paradigmas, pois a maioria das empresas não fala sobre isso, se justificam dizendo que lugar de trabalho é para trabalhar, e não para amar. Bem, como já deu para perceber, eu discordo, pois, se você não amar o que faz, não fará bem feito e nunca será feliz.

Um dia tomei coragem e, sem avisar o cliente, encerrei uma palestra falando de AMOR. Nessa ocasião, estava em uma empresa no estado do Rio de Janeiro, com um público 100% masculino, de trabalho pesado, braçal, alguns carrancudos e outros até meio brutos, mas encarei as testas franzidas e tentei plantar a semente do AMOR falando da importância da minha família, dos amigos, dos "nãos" que eu já havia recebido, aos quais eu sempre dedico minhas vitórias, pois graças a esses "nãos" é que nos fortalecemos e continuamos na luta. Falei da importância da minha esposa, dos meus filhos, do quanto que eu quero voltar sempre para casa, e finalizei agradecendo a oportunidade de trabalhar cercado de bons amigos que eu tanto AMO.

Ao final da palestra, alguns até se emocionaram, foi muito gratificante. E, para minha surpresa, as minhas palavras haviam tocado especialmente uma pessoa. Após a palestra, alguns sempre ficam para tirar uma foto, elogiar ou criticar alguma coisa, enfim, naquele dia, eu percebi que um senhor esperava em pé ao fundo da sala e, quando todos saíram, ele veio até mim, me abraçou e disse:

– Muito bom, professor, esse pessoal estava precisando ouvir isso.

– Nossa, eu que agradeço por ouvir isso – respondi muito satisfeito.

E ele continuou a falar:

– Cheguei muito jovem nesta empresa e hoje sou o diretor-geral, sempre achei normal o fato de os colaboradores serem fechados, distantes, pois sempre justifiquei esse comportamento devido à intensidade do trabalho, ao barulho das máquinas, ao uso dos dois protetores auriculares que eles são obrigados a usar quase que em tempo integral, o que dificulta a comunicação, enfim, sempre achei normal esse ambiente introspectivo. Mas hoje, após tantos anos, ouvi muita coisa antiga, que meus pais me diziam, porém você trouxe com uma nova roupagem, com uma visão e aplicação muito moderna, e, acima de tudo, necessária. Confesso que ouvi tudo atentamente e mais uma vez estava tendo a oportunidade de aprender com alguém muito mais jovem do que eu, mas que me passou segurança e propriedade para falar desses sentimentos e, por isso, vim aqui lhe agradecer.

Só de ouvir aquele *feedback* meu coração já não estava mais num ritmo normal, parecia que iria sair pela boca, mas, ao final da conversa, ele me surpreendeu mais uma vez dizendo:

– *É possível você voltar à noite para realizar essa mesma palestra no terceiro turno?*

– Claro, mas tem algum motivo especial? – respondi rapidamente.

Novamente ele começou a explicar:

– Sim. É que estamos encerrando hoje uma atividade de muito risco, ficamos quase noventa dias realizando uma reforma nos fornos da linha três, e o turno da noite trabalhou arduamente, pois escolhemos fazer esse trabalho à noite em virtude do calor, que é menos intenso nesse horário, mas, em contrapartida, as equipes são compostas por menos integrantes e eles precisaram se redobrar para dar conta de tudo. Chegaram a virar algumas horas extras a mais que o normal, pegaram mais pesado ainda e, para complicar, as esposas começaram a ligar na ouvidoria e reclamar que o marido estava ausente do lar e que chegava muito esgotado, estavam até preocupadas com a saúde deles. E, depois de te ouvir falar com tanta propriedade do AMOR, eu pensei que faria bem para eles te ouvirem também. Vou comprar uns brindes e ao final da palestra entregamos a eles. O que acha?

Claro que eu topei na hora! No horário marcado, eu estava de volta para a palestra no turno da noite. Como de costume, chego sempre pelo menos uma hora antes do combinado, pois gosto de sentir o clima, ouvir os comentários, as piadas, a famosa rádio peão, isso me deixa mais íntimo da realidade na qual irei interferir com meus conceitos. Alguns minutos depois de mim, chegou o diretor com mais dois funcionários trazendo os tais brindes. Rapidamente me ofereci para ajudar, pois percebi que eram frágeis. Após organizá-los em uma mesa, consegui ver que eram botões de rosas. Lembra-se de que era uma empresa de trabalho pesado e, em sua vasta maioria, homens? Então, na minha cabeça, seria mais bem aceito se déssemos os bons e velhos chaveirinhos do que rosas... (risos), mas então ele fez a pergunta que eu não queria ouvir:

– Gostou, professor? São lindas, não são?

E eu, meio constrangido, disse:

– Será que eles vão gostar? – Como quem diz: "uma caneta não faria mais sucesso?".

E aquele homem, muito mais sábio do que eu, novamente me ensinou explicando que a ideia era que os funcionários levassem aquelas rosas para suas esposas, pois naquele dia eles encerrariam a reforma e voltariam à sua rotina, e elas não precisariam mais ligar na ouvidoria para reclamar do cansaço ou ausência dos maridos.

Depois dessa lição estratégica, me comprometi que todos sairiam motivados da palestra e ainda chegariam em casa com muito amor no coração.

Ao final da palestra, coloquei uma música romântica de fundo, disse palavras de amor e orientei a todos dizendo:

– Rapaziada, quando chegarem em casa hoje e a sua esposa abrir a porta, não deixem ela falar nada, estiquem o braço e, com o botão de rosa na mão, digam para ela: "Pra você, meu amor".

Alguns riram, outros abaixaram a cabeça, mas um, em especial, aquele mais malandro, me olhou meio sarcástico e disse com um sotaque bem "carioquês":

– Sei não, hein, parceiro, acho que não vai rolar... (risos).

Mas eu insisti, falei para ele quebrar aquele paradigma, para abrir a mente e encher o coração de carinho, pedi para ele explicar que a reforma dos fornos havia terminado e que tudo voltaria ao normal. Parecia que eu tinha conseguido motivá-los, a maioria saiu rindo e comentando alguma coisa.

No outro dia voltei curioso para saber como tinham se saído e, logo na portaria, encontrei com aquele carioca mais esperto, "o malandrex", e, após eu perguntar como tinha sido com a entrega da rosa, ele abriu os braços meio esculachando e disse:

– Deu merda, deu merda, merda, merda... (risos).

– Como assim? Você não fez como combinamos? – perguntei.

E ele começou a explicar com aquele sotaque que só o carioca da gema tem:

– Pô, *teacher*, fiz igualzinho tu mandou, malandro, quando a dona-onça abriu a porta, estiquei o braço e mandei, *pá tu my love*!

Interrompi, perguntando aflito:

– E ela? Respondeu o quê?

O carioca torceu o nariz e finalizou:

– Professor, ela cruzou os braços, fechou a cara e retrucou: "Aprontou o quê, vagabundo?".

Você acha que em dez anos de casamento ele havia levado rosas ou algum outro mimo para ela? Com certeza não, e é disso que estamos falando, de atitude, se não houver atitude, não há amor. Se você não conseguir ouvir as necessidades do outro, dificilmente dará o primeiro passo; sem prestar atenção nos ruídos da vida, poderá ficar parado esperando por muito mais tempo do que deveria. Portanto, primeiro ouça com muita atenção, interprete com a razão e aja com muito amor. As palavras ouvidas com atenção irão sensibilizar e gerar a força necessária para colocar tudo em prática. As atitudes geram movimento, impulsionam as ações e estimulam as reações.

O **M** de AMOR é a **MOTIVAÇÃO**. Depois que definimos que sem atitude não há mudanças, entendemos que a motivação é o combustível que nos fará continuar a promover novas atitudes, por isso é tão importante encontrar pessoas que compartilhem dessas mesmas vontades, pois, quando nos unimos com pessoas diferentes, com outras *expertises*, mas com os mesmos interesses, com certeza ficamos mais fortes nesse propósito de mudanças positivas.

"A motivação vem de dentro", como sempre me fala o meu irmão, que a vida me presenteou, o palestrante Edgard Routh. E, por vezes, ela não vem de dentro de você, mas pode vir de dentro das pessoas que estão próximas a você, seja no trabalho, na família ou na comunidade, e isso é absolutamente inspirador, nos faz entender que precisamos estar próximos de pessoas que exigem o nosso melhor, aquelas que nos incomodam a sempre doar o que temos de mais precioso, que é a disposição em pelo menos tentar. Sair da inércia sempre!

E para sair da inércia é preciso ter clareza dos papéis e funções, para focar suas forças em atitudes positivas, aquelas que promovam o bem para você, para as pessoas à sua volta e também para a empresa.

Qual destas duas frases faz mais sentido para você?

"Os fins justificam os meios" – *frase de Nicolau Maquiavel, filósofo, historiador, poeta, diplomata e músico de origem florentina do Renascimento, que faleceu em 21 de junho de 1527.*

"Os meios usados para atingir os fins, são tão importantes quanto os próprios fins" – *frase de Immaneul Kant, filósofo prussiano, amplamente considerado como o principal filósofo da era moderna, que faleceu em 12 de fevereiro de 1804.*

Sempre teremos no mínimo duas opções. Por isso, caso esteja na dúvida de qual dessas frases faz mais sentido para a sua vida, procure visitar seus princípios éticos e morais, pois eles te nortearam para as melhores escolhas.

O **O** de AMOR é a **ORGANIZAÇÃO**. Para que as atitudes corretas e a motivação para vencer possam perdurar como hábitos nas nossas vidas e se transformar na base dos nossos comportamentos, precisamos de um ambiente organizado, onde, além das regras claras e bem definidas, deveremos seguir os procedimentos à risca e, para tanto, a organização das pessoas será de extrema importância, fazendo uma excelente gestão do tempo, organizando as pendências, planejando as próximas ações, delegando tarefas e, ainda, renegociando os *deadlines*, quando necessário.

O **R** de AMOR é a **RESPONSABILIDADE**, pois, depois de estimular as *atitudes positivas*, a *motivação* em realizar e a *organização* das tarefas, precisamos da *responsabilidade* para assumir todos esses compromissos. E não apenas no ambiente de trabalho, precisamos assumir responsabilidades em nossas casas, escola, comunidade, igreja, enfim, onde quer que estivermos, devemos assumir o controle e nos tornar o protagonista da nossa vida.

Por isso, entendo que o AMOR é a união dessas quatro palavras: atitude, motivação, organização e responsabilidade, as quais poderão provocar muitas mudanças significativos nos hábitos, comportamentos e na vida de qualquer ser humano disposto a melhorar como profissional e, principalmente, como pessoa.

Pirâmide do processo evolutivo:

![Pirâmide com três níveis: TER (EU MEREÇO) - Crença do merecimento; FAZER (EU POSSO) - Crença da capacidade; SER (EU SOU) - Crença de identidade e de valor próprio]

Fonte: Febracis. Disponível em: https://febracis.com/onde-colocar-minha-confianca/

Em muitos momentos da nossa vida podemos desviar um pouco a rota do AMOR, pois a tentação pelo **TER** se torna facilmente uma prioridade, como: *ter* mais dinheiro, mais sucesso, mais fama, mais relacionamentos, mais tempo livre, e, de forma equilibrada, não há mal nenhum em buscar mais conforto, mais realizações, mais diversão.

Porém, para ter, antes é preciso **FAZER**, e fazer o que é certo, buscando os recursos necessários, se planejando melhor, com organização, disciplina e determinação. É preciso fazer economias, estudar com mais afinco, trabalhar com alegria e conquistar boas relações de amizade, pois todas as amizades serão novas conexões, novas possibilidades, novos *networks*, sempre em movimento.

E, para fazer todas essas novas pontes, a base da pirâmide é o que você de fato é, ou seja, qual é o seu **SER** – ser honesto, ser pontual, ser proativo, ser corajoso, ser humilde, ser respeitador, ser educado e, ainda, ser paciente, pois muitas mudanças não acontecem do dia para a noite, é necessário cautela e muita calma para não pular etapas e não cair em tentações perigosas, como a arrogância e a prepotência. Ninguém é dono absoluto da verdade, por isso, trabalhe duro, se dedique ao máximo, seja persistente e nunca perca a esperança.

"Ser – Fazer – Ter" na prática:

Certa vez, fui convidado por uma grande empresa do setor de logística para prestar uma consultoria sobre Segurança no Trabalho, mais especificamente sobre os atos inseguros que os motoristas de caminhão daquela empresa estavam cometendo, principalmente quando estavam sozinhos na estrada, sem supervisão, ou seja, quando ninguém estava olhando.

Com certeza essa história irá parecer familiar para muitos líderes, gestores e até pais de família, que, enquanto estão olhando os filhos e/ou subordinados, todos obedecem, cumprem as ordens e seguem todas as regras, mas, quando os olhos dos superiores não estão à vista, as coisas fogem um pouco do controle.

Pois bem, esse era o *briefing* que eu tinha recebido desse cliente. E a proposta era desenvolver um projeto de ações educativas e motivacionais para promover INTERDEPENDÊNCIA, ou seja, cada um ser o dono das suas atitudes seguras e ainda contribuir para que as atitudes seguras também contagiassem todos os demais motoristas. Seria promover uma mudança individual e depois coletiva, em que a primeira meta era conseguir que cada profissional (no caso, os motoristas) seguisse as regras e os procedimentos não apenas por seguir, ou para evitar punições, mas porque seria importante para sua segurança.

Sabe aquele motorista que só diminui a velocidade quando vê o radar, mas logo em seguida acelera novamente? Então, esse está longe da interdependência, nesse caso, ele representa o REATIVO, que é aquele que apenas reage a um ato falho, mas não se preocupa em fazer o certo, se preocupa apenas em bater as metas, mesmo que, para isso, seja preciso acelerar um pouco mais do que o permitido. Enquanto nada de errado ou mais sério acontece, ele se sente muito seguro ao acelerar, ao falar ao celular enquanto dirige e tantas outras infrações. Porém, quando algo sai do controle, dificilmente ele assume a culpa, pois estava tão condicionado à rotina das infrações que já haviam se transformado em hábitos.

Lembre-se: os hábitos podem nos levar a bons ou maus comportamentos.

Com esse cenário extremamente difícil de posicionamento comportamental, minha missão era elevar o nível daqueles motoristas do estágio REATIVO para o estágio da INTERDEPENDÊNCIA, sabendo que entre eles existem ainda mais dois estágios do processo evolutivo, que são: a DEPENDÊNCIA e a INDEPENDÊNCIA. E, caso eu não quisesse fracassar (como de fato não queria), não poderia pular essas etapas evolutivas, ou seja, o primeiro passo era saltar de reativo para dependente. E como se faz isso?

![Curva de Bradley: Reativo (Redução de Riscos e Controle) → Dependente/Independente (Estabilizar & Maximizar Eficiência) → Interdependente (Geração de Valor e Disciplina Operacional). Mudança em valores, atitudes e benefícios. Curva de Crescimento.]

Fonte: Site Segurança do Trabalho. Disponível em: https://segurancadotrabalhonwn.com/curva-de-bradley/

É simples: melhorando a liderança, pois os funcionários dependentes precisam e dependem de mais instruções, de mais informações, de uma gestão mais próxima, quase corpo a corpo, em que os líderes ensinam porque conhecem a tarefa, e servem de exemplo, podendo cobrar por cada resultado, pois combinaram todas as metas, e alinhar as expectativas antes de cada novo trabalho.

A rotina de treinamentos e cobranças (líderes próximos) acelera o processo evolutivo, pois ninguém gosta de ser vigiado o tempo todo, profissionais querem gerar resultado com liberdade. Por isso, o salto da dependência para a independência é mais rápido, principalmente quando ele vê outros da sua equipe com autonomia e liberdade para decidir e atuar.

É o processo de geração de confiança, pautado mais uma vez em assumir um papel de protagonista, sendo responsável por seus atos.

Por fim, chegamos na *interdependência*, que praticamente é o estágio da *independência* evoluído, com aquele *plus* a mais, mas não é qualquer *plus*, pois essa mudança de estágio depende dos cuidados que o profissional terá com os demais profissionais da empresa, independente da área de atuação. Ou seja, é a aplicação do *cuidado ativo* ou *cuidado mútuo*, que se resume em:

Eu cuido de mim, cuido de você e permito que você cuide de mim.

Após eu entender esse contexto e receber a informação que a análise de perfil apontava que a maioria dos motoristas estava no estágio **REATIVO** da curva de Bradley (a Curva de Bradley é um sistema que ajuda a compreender e avaliar o nível de desempenho de segurança de classe mundial), levantei algumas estratégias e dinâmicas, as quais poderiam ajudá-los nesse processo de melhorias comportamentais. No dia da minha apresentação desse projeto, fui surpreendido pelo Gerente de Operações daquela empresa, que, mesmo antes de eu iniciar, me abordou com os seguintes questionamentos:

– *O que você irá propor já foi realizado em outra empresa?*

Antes que eu respondesse, ele completou:

– *Deu certo?*

Eu respirei fundo e rebati a pergunta com as três camadas da Pirâmide Evolutiva, devolvendo em três perguntas pra ele:

– *O que vocês* **TÊM** *em relação à segurança dos seus motoristas?* – Da camada **"TER"**, ou seja, comecei com o ápice da pirâmide.

Rapidamente ele respondeu com várias ferramentas de controle que eles utilizavam nos processos, como: telemetria, computador de bordo, piloto automático, *checklist* de manutenção *on-line*, enfim, listou uma série de ferramentas.

Ouvi com atenção e fiz a segunda pergunta:

– *O que vocês* **FAZEM** *com essas ferramentas?* – Agora usando a camada central da pirâmide, **"FAZER"**.

Mais uma vez ele respondeu com uma nova lista de ações, como: paradas surpresas para auditorias, comparativos entre os motoristas, ações de combate ao sono nas estradas, eventos de promoção da saúde do caminhoneiro, cursos de direção defensiva periodicamente, entre outras.

Após ouvir mais essa resposta, fiz a última pergunta, agora da camada de base, a mais importante, o **"SER"**:

– *Os seus motoristas* **SÃO** *seguros?*

Nesse momento, ele ficou em silêncio e, em vez de me responder com mais uma lista de procedimentos, perguntou:

– *Me dê um exemplo do que é* **SER** *seguro pra você?*

E eu respondi:

– É simples, me responda de acordo com a percepção e conhecimento que você tem das pessoas da sua equipe, *no caso, o motorista que tem todos esses processos e ferramentas à disposição, que recebe todos os treinamentos, todos os feedbacks, todas as orientações necessárias de acordo com a legislação e, ainda, todos os Programas de Qualidade de Vida e de Segurança que você nos explicou. Minha pergunta é: Quando eles deixam o caminhão na garagem da empresa, pegam o seu carro particular e vão para sua folga, eles continuam aplicando os mesmos procedimentos e regras em sua vida fora da empresa?*

Nem deixei que ele pensasse muito e continuei:

– *Numa estrada vazia, que ele conhece como a palma da mão, dentro do seu carro particular, sabendo todos os pontos de radares e polícia rodoviária, e com muita vontade de chegar em casa, eu lhe pergunto, ele acelera ou não?*

Quase não consegui ouvir a resposta dele, mas, para bom entendedor, meia palavra basta.

Mais um aprendizado

Qual foi o aprendizado que consegui tirar dessa experiência?

Com certeza, vários, mas o principal deles é que para conseguirmos tais mudanças, precisamos do apoio de todos, principalmente do ápice da pirâmide, ou seja, o apoio de quem coordena, daqueles que comandam e devem ser sempre os principais exemplos a serem seguidos.

Um consultor não consegue gerar nenhuma mudança se a cadeia gestora não o apoiar, e o problema é que por várias vezes a própria gestão é reativa. Para que existam equipes interdependentes, os patamares mais altos da hierarquia organizacional também precisam **SER** interdependentes. O processo evolutivo é de dentro para fora, e não o contrário.

Em *Mindset: a nova psicologia do sucesso*, Carol S. Dweck, ph.D., professora de Psicologia na Universidade Stanford e especialista internacional em Sucesso e Motivação, desenvolveu, depois de muita pesquisa, um conceito fundamental: a atitude mental com que encaramos a vida, que ela chama de *mindset*, é crucial para o sucesso. Dweck evidencia como o sucesso pode ser alcançado pela maneira como lidamos com nossos objetivos. O *mindset* não é somente um traço de personalidade, é a tradução do por que somos otimistas ou pessimistas, bem-sucedidos ou não. Ele revela nossa relação com o trabalho e com as pessoas, e a maneira como vamos educar nossos filhos. É, de fato, um fator decisivo para que todo o nosso potencial seja explorado.

Podemos estimular as pessoas a ter um *mindset* de crescimento, mas a força interior e a rápida percepção da necessidade de mudanças e dos modos alternativos de encarar as dificuldades podem ser a verdadeira chave para o sucesso, sempre criando novas conexões e possibilidades, aumentando a nossa rede de contato, influenciando adeptos que compartilham dos mesmos anseios e, principalmente, tornando-se exemplo prático através dos nossos pensamentos, ações e comportamentos.

Berço de ouro

Sinto-me com muita propriedade para falar de AMOR, pois nasci num verdadeiro berço de ouro, onde nunca me faltou nada, nem comida, nem roupas, até mesmo nas mais duras crises sempre vinha uma surpresinha no Natal, sempre estudei em ótimos colégios, e curtimos as férias na praia em praticamente todos os verões. No entanto, não é desse tipo de ouro que me refiro, estou falando de uma pedra mais preciosa, aquelas que compõem o AMOR VERDADEIRO. Estou falando de respeito, carinho, afeto, beijos, abraços, olhares, sorrisos e muita cumplicidade, e pode ter certeza de que sempre senti, respirei e vivi muito todos esses sentimentos. Meus pais eram e serão sempre os meus maiores exemplos. Viviam grudados, andavam sempre de mãos dadas, se abraçavam o tempo todo, mesmo em público trocavam carinhos, afeto, olhares, em casa, então, era o tempo todo, até beijos demorados nós presenciávamos, parecia que eles queriam nos ensinar com cada um desses momentos, e, na verdade, eles estavam ensinando.

Eu nunca vi meus pais brigarem, mas com certeza eles brigaram algumas vezes, porém nunca na frente dos filhos; eu nunca vi minha mãe desabonar uma ordem do meu pai, mesmo que ela quisesse muito, quando ouvia da cozinha ele nos dar balas e doces antes do jantar; nunca vi o meu pai reclamar da minha mãe para algum amigo, assim como nunca vi ela fazer algo parecido, pois eles se protegiam, se resguardavam, se fortaleciam com bons hábitos, sim, os hábitos diários, como um bom-dia, um beijo na despedida para o trabalho, e também no seu retorno, uma comunicação não violenta, sempre pedindo por favor e dizendo obrigado, esses e outros hábitos fortalecem o relacionamento, sempre amparados pelo respeito mútuo.

E, para completar, o carinho se torna o combustível que abastece esse motor. Sempre que meu pai chegava em casa, nos enchia de beijos e abraços, e ainda guardava o carinho mais *caliente* para a sua esposa. Nas áureas épocas dos cinemas, ele às vezes ficava quase um mês fora de casa rodando cada um dos seus cinemas, e naquela época não tínhamos as facilidades de comunicação que temos hoje, ele ligava em casa, no máximo, duas vezes nesse período, e nunca sabíamos a hora e o dia certo da sua chegada, e eu confesso que era muito legal não saber, pois gerava uma ansiedade por receber um presente, então, a presença dele era o presente.

Podíamos já estar já na cama, ou até dormindo, como aconteceu várias vezes, mas, quando um de nós escutava o barulho do carro entrando na garagem, era uma loucura, já nos preparávamos para o trenzinho do amor, que era um momento mágico e muito intimista da nossa família, pois, quando ele chegava, antes mesmo de abrir a porta da sala, já gritava:

– Tá pronto o trenzinho do amor?

Quando ele abria a porta, mais do que depressa, minha irmã, a caçula, corria para os seus braços, e eram beijos e abraços mais puros que já vi. E, após ele lamber sua cria igual a um tigre velho, colocava-a sentada no sofá logo ao lado. Em seguida, olhava para o meu irmão, o filho do meio, e chamava:

– Vem, *cowboy*! – Pois meu irmão sempre gostou de cavalos e bois.

Não demorava nem um segundo e meu irmão pulava em seus braços e acontecia mais uma sessão de muito carinho, com alguns soquinhos de quebra, e ele logo o colocava ao lado da minha irmã.

Em seguida era a minha vez, o filho mais velho, que ele chamava de capitão, pois era eu quem ficava com as maiores responsabilidades na sua ausência. Ele me olhava e dava o comando após bater continência:

– E aí, capitão, correu tudo bem?

Após meu sinal positivo, eu também corria para os seus braços. Como era bom, confesso que demorei um pouco mais tempo para escrever estas linhas, pois estava enxugando algumas lágrimas que insistiam em cair. Incrível como é a nossa memória, ou melhor, como é forte essa tal de saudade. Cada vez que eu pensava nesses momentos, parecia que eu conseguia sentir o cheiro dele aqui comigo novamente, era tão presente, uma mistura de suor com desodorante barato vencido. Parece horrível? Que nada, para a lembrança do primeiro homem que amei na vida não há aroma melhor.

Nos abraçávamos apertado por alguns minutos e logo ele também me colocava sentado no sofá. Mas por que todos ali sentados no sofá da sala? Porque faltava alguém para completar o time Blóes, sim, faltava a rainha do lar, como ele chamava a minha mãe, que até então estava na cozinha, fingindo que estava preparando o jantar, quando, na verdade, estava se perfumando para esperar seu grande amor. (Pausa para eu respirar um pouco) Passou um filme pela minha cabeça... sabe aqueles filmes românticos das antigas? Então, era igual, ela vinha correndo ao encontro dele, e ele, já com pose de galã, abraçava meio que a deitando, como no final de uma valsa, e ali começavam a se beijar, mas não era qualquer beijinho não, era de língua e tudo... (risos), e nós ali, meio que boquiabertos, vendo o final da novela ao vivo, e quando o meu pai percebia que estávamos vidrados na cena, ele virava a minha mãe de costas para nós, escorregava a mão boba e dava um apertão em sua bunda, minha irmã até tapava os olhos, mas para mim e para o meu irmão ele completava dando aquela piscada de olho, com um sorriso de canto de boca, como quem diz: "aprenderam como se faz?".

Eram, sem dúvida, os momentos de maior carinho que vivíamos em casa. Mas ainda tinha mais, eles comemoraram todos os aniversários de casamento viajando em lua de mel, mesmo nos momentos de crise financeira, quase que sem dinheiro, mas as datas especiais eram especiais, e, mesmo se fosse para um hotelzinho de uma cidade vizinha, lá iam eles comemorar mais um ano juntos. Além desses momentos a dois, não passavam nenhuma dessas datas sem uma troca de cartas e um buquê de flores. Era de fato impressionante.

Por esses motivos e por muitos exemplos que vivi ao lado deles, com certeza poderia escrever outro livro só para contar sobre a história de Amor dos meus pais.

Devido a todas essas vivências, eu achava que sabia amar como ninguém, que era perito nessa arte, pois havia sido criado e educado por esse casal incrível, que era sinônimo de *amor* e mestres de como se deve *amar*. Mas a vida nos ensina algo novo a cada dia. Eu comecei a perceber as diferentes fases desse sentimento quando eu e meus irmãos começamos a crescer, pois amor de irmão também tem fases: quando se é criança, se ama de um jeito todo meigo e singelo; quando se é pré-adolescente, parece que o amor dá lugar às brigas; quando se é adolescente, parece que os amigos são mais irmãos do que os próprios irmãos, mas, quando precisamos sair de casa, a saudade aproxima os irmãos novamente; e, depois que se casa, as esposas e os maridos afastam novamente os irmãos, mas, quando se tem sobrinhos, tudo volta ao início novamente, é uma mutação tremenda, mas nunca deixa de ser *amor storge*.

Até aqui, eu já me considerava o cara do amor, mas ainda tinham mais provações, e elas vieram.

Me casei, e muito bem casado, por sinal. Pois eu me casei com uma mulher inteligente, linda, carinhosa, com quem quero passar todos os dias da minha vida, se ela me aguentar, é lógico. Porém, no começo não foi esse mar de rosas, pois eu tinha um parâmetro muito intenso de amor em família, a régua estava alta demais, e eu não havia me casado com minha mãe nem com minha irmã.

A minha esposa não havia sido criada sob o mesmo teto que eu, não passara pelas mesmas experiências e não teve os meus privilégios de carinho e compreensão, e é claro que o início dessa nova vida a dois não foi nada fácil, pois teríamos que, juntos, equalizar essa conta, e logo percebi que não seria com palavras, mas, sim, com gestos e atitudes. É como eu sempre falo, relacionamento de sucesso é feito por pessoas determinadas a serem felizes, aqueles que valorizam a arte de amar, de amar as coisas que o dinheiro não é capaz de comprar.

Por isso é tão difícil amar quem a gente mal conhece. Como poderemos amar aquele que te desagrada, que está sempre te cobrando? Só existe um jeito, entendendo o objetivo final, incorporando que só nos daremos bem se os interesses forem mútuos e interligados, não apenas o luxo material, mas a construção de um ambiente feliz, harmonioso e rico em conquistas compartilhadas. Quando eu e minha esposa entendemos isso, a nossa vida a dois decolou, nos tornamos mais unidos, aproveitamos cada viagem, cada lugar novo, cada dia sem nada para fazer como se fosse um dia mais que abençoado, e, de fato, eram dias abençoados, pois nos tornamos pais de um casal de filhos lindos (puxaram para a mãe, é lógico), vivemos todos juntos e misturados sempre, e amamos ficar em casa juntos de bobeira.

Consequentemente, minha carreira também começou a prosperar, e foi aí que compreendi que não dá para separar as coisas; se você está bem no pessoal, o profissional vem de carona, mas não posso afirmar que a recíproca é verdadeira, pois acredito na ordem natural das coisas, em que primeiro vem a pessoa e depois o profissional, primeiro vem o lar e depois o local de trabalho, primeiro os amigos e depois os colegas, e assim por diante.

Por isso, venho trabalhando e me aprimorando para incluir o amor nos negócios, nas empresas, nas equipes de trabalho e em todos os lugares que entenderem sua força. Quero continuar transmitindo a mensagem de que é preciso conquistar as amizades com muito respeito e empatia, onde podem, sim, existir vários líderes natos, como o meu pai, mas também vários líderes técnicos, planejadores, performáticos, burocráticos, colaborativos, servidores, democratas, entre tantos outros que poderão ser desenvolvidos com muito aprimoramento e mudança de *mindset*.

Porém, seja na liderança nata ou na liderança desenvolvida, só poderemos encontrar líderes excelentes se eles encontrarem e se abastecerem com todos os princípios, valores e entendimentos dessa palavra chamada AMOR.

O primeiro passo para esse entendimento é fomentar o amor-próprio, se amar como indivíduo, com seus defeitos e virtudes, para, aí sim, praticar o amor entre as pessoas.

O segundo e um dos mais importantes gestos é fazer o bem sempre, independente de quem ou para quem, e, acima de tudo, ser o EXEMPLO dos seus princípios e ideias.

Quando nos tornamos um exemplo, ganhamos seguidores, e são eles que multiplicarão a missão de propagar os bons relacionamentos, e esses bons relacionamentos se tornarão fortes elos de confiança guiados por uma nova classe de líderes.

A classe dos líderes por amor.

Capítulo XVII
Líder por amor

Em que momento da vida conseguimos declarar em voz alta o quanto amamos alguém? Será que em algum momento da vida entenderemos a dor da falta de um grande amor?

São perguntas com várias respostas, pois o amor sincero e verdadeiro é uma dádiva de Deus, é a grande busca da vida, podendo ser encontrado em alguns raros momentos intimamente ligados ao seu eu, ao estado pleno de bondade, companheirismo, cuidado, compromisso, entrega e paz espiritual.

"O fruto do silêncio é a oração, o fruto da oração é a fé, o fruto da fé é o amor, o fruto do amor é a entrega e, o fruto da entrega é a PAZ".
Madre Tereza de Calcutá

A primeira vez que eu disse que amava alguém, sem dúvidas, foi para meus pais, o que é mais do que natural, pois é o nosso primeiro amor, assim como foi com meus irmãos, apesar de ser diferente, mas ainda é aquele amor de família. Muito tempo depois eu voltei a dizer essa palavra mágica para a minha namorada, que hoje é minha esposa. Porém, quando eu disse a ela pela primeira vez, ainda não tinha total certeza desse sentimento, pois era uma mistura de paixão, desejo e afeto. Talvez porque não tínhamos certeza se iríamos nos casar e viver juntos para sempre. As incertezas misturam os sentimentos.

Porém, depois de um longo período de namoro, em que nos conhecemos melhor, sorrimos, choramos, nos divertimos, brigamos um pouco, mas, acima de tudo, sempre nos respeitamos e, principalmente, nos aceitamos, construímos a base sólida do nosso amor, o que nos levou ao altar e, enfim, ao casamento.

Após a troca de votos, ainda, várias vezes, dissemos eu te amo um para o outro, mas, ainda assim, continua diferente daquele dito aos nossos pais. O tempo foi passando, novos desafios foram surgindo em nossa convivência e, como antes, nos adaptamos e superamos muitas vaidades e pensamentos fúteis. Algum tempo depois, a vida começou a ter outro sentido, foi quando nossos filhos chegaram. É totalmente diferente de tudo que já se viveu, algo inexplicável por vários motivos. Não consigo ficar nenhum dia sequer sem dizer a eles que os amo.

O que era difícil de compreender passa a se tornar o ar que se respira. Carne da minha carne, sangue do meu sangue, paz da minha alma, algo que é impossível de separar. Acredito ser o amor mais forte de todos, aquele que dói na saudade e na proximidade, que se sente falta mesmo estando juntos, algo que só pode ser sentido e nunca imaginado.

Mesmo com a clareza desse sentimento que nasce sem a gente pedir para nascer, tenho certeza absoluta de que a convivência equilibrada é que sustenta o amor.

Pois não é o amor que sustenta a convivência, mas sim a convivência que promove o amor.

Não tenho dúvida alguma de que só cheguei até aqui, e ainda chegarei onde almejo, porque estou vivendo esse ciclo: *amando e sendo amado!*

Meu pai, meu herói, meu grande ídolo, meu amigo faleceu antes de conhecer seus netos. Se ele fosse vivo, teria o prazer de receber o carinho de todos eles.

Quando penso que ele não conseguiu conhecer os netos, vem uma dor no peito, uma falta de ar, que não é possível de se traduzir em palavras. Parece que seria a minha chance de retribuir a ele tudo o fez por nós, pois, por mais que eu fosse presente e amoroso enquanto ele estava vivo, sempre me passa a imagem de que eu poderia ter feito mais por ele.

Pode parecer que eu sofro com algum sentimento de culpa? Tenho certeza que não, pois até mesmo nos momentos mais difíceis ele me ensinou a saudar a vida, e não o fim. Porém, acredito que sofro mais quando penso que meus filhos e sobrinhos não terão o privilégio de conhecer o avô paterno. Esse homem admirável, que poderia contribuir muito na educação, no aprendizado, no respeito e, principalmente, ensinar sobre a força do amor que se deve ter pelas pessoas e pela vida.

Poucas vezes comentei ou falei sobre a morte dele. Meu pai me ensinou que as melhores lembranças estão na vida, e que é melhor viver o presente do que chorar o passado, ou sonhar por um futuro que ainda está distante.

Como eu disse em outras passagens, meus pais eram extremamente ligados, unidos, cúmplices, amantes e extremamente felizes e apaixonados. O que vou falar agora pode parecer ficção, ou algo que inventei para o livro ser mais dramático, na verdade, até gostaria que não tivesse sido assim, mas hoje compreendo que era para ser assim, e, dessa forma, meu pai deixou mais um legado, mesmo em seus últimos dias.

A despedida

Meu pai sofreu um infarto em 1992, quando eu ainda jogava futebol. Foram colocadas três pontes de safena e, momentos antes da sua cirurgia, ele me deixou um bilhete para que eu não me preocupasse, pois era para eu me concentrar no jogo de domingo – a cirurgia aconteceu numa sexta-feira. Ele estava sempre pensando em nós.

A cirurgia foi um sucesso, e em menos de seis meses ele já estava de volta ao trabalho (claro que em outro ritmo), e a vida aos poucos foi se ajeitando. Joguei mais dois anos depois dessa primeira ocorrência, mas a vida nunca foi a mesma. Aquele super-homem, agitado, sempre correndo, fazendo, construindo, não era mais tão forte, mas, ainda assim, ele fazia de tudo para que todos nós seguíssemos as nossas vidas e, principalmente, que não interrompêssemos nada por conta dele.

Mesmo ele lutando para que nós continuássemos com nossos sonhos, como já mencionei anteriormente, no final de 1995, em meu primeiro ano como profissional, resolvi largar tudo e voltar para casa. Ainda hoje, nas conversas com algum amigo que conhece minha história, sou questionado se me arrependo de ter abandonado o futebol. Sempre respondo com o mesmo sorriso no rosto: "nunca irei me arrepender dessa decisão".

Foi essa decisão que me deixou por mais onze anos ao lado do meu maior líder. Foram anos de constantes ensinamentos, de muitos desafios, de uma construção incrível do meu caráter e senso de responsabilidade, e posso afirmar, com toda a certeza do mundo, que eu não seria nem de perto a pessoa que sou hoje se não tivesse voltado para casa.

O coração

Seu coração já não tinha mais força suficiente para manter meu pai vivo. Eu estava trabalhando nas grandes empresas e tinha uma rotina de viagens e trabalho absurdamente exagerada, mas me esforçava ao máximo para visitar meu pai toda semana. Ele estava piorando e, meio que por acaso, nos encontramos na cidade de Sorocaba, ele para uma consulta, eu para um trabalho numa cidade da região (era agosto de 2006 e eu já morava em Ribeirão Preto com minha esposa). A consulta seria pela manhã, meu trabalho era na tarde do dia anterior, então, após o trabalho e antes da consulta dele, iríamos dormir juntos, e eu conseguiria acompanhá-lo ao médico no dia seguinte.

Cheguei à casa da minha tia (onde sempre ficávamos quando precisávamos de algo em Sorocaba) por volta das 19h, jantamos juntos e logo meu pai quis se deitar, ele estava muito fraco e abatido. Por volta das 22h ele passou mal, e, ao tentar ir ao banheiro, desmaiou em meus braços.

Nunca pensei que seria tão difícil escrever sobre isso, parece que eu havia apagado essa cena da minha vida por todos esses anos. Foi o momento mais difícil que vivi até hoje, uma sensação de impotência, um sentimento de derrota, algo que machucou um lugar que eu não conhecia do meu corpo. E, com ele nos meus braços, olhei para a minha mãe, que chorava incontida, e, pela primeira vez, me vi sem saber o que fazer, paralisado, imóvel, com o homem da minha vida nos meus braços. Foi então que minha tia, sempre firme, me olhou e disse:

– Corre para o hospital, já estou ligando para o médico dele!

Não me recordo como, nem por que, mas, quando me dei conta, estava a caminho do hospital sozinho com meu pai. Ele estava voltando do desmaio, muito debilitado, e eu dirigindo meio que sem entender o motivo de todos terem ficado em casa, eu estava ali sozinho com ele.

Mais uma vez, ele foi o líder supremo, recobrando a consciência, me disse:

– Já estou melhor, filho, pode ficar tranquilo, foi só a minha pressão que caiu.

Eu queria acreditar naquilo e voltar com ele para casa, mas meus olhos não viam a mesma coisa que meus ouvidos escutavam, ele estava muito mal, e segui até o hospital.

Dei entrada na emergência do Hospital Evangélico de Sorocaba, onde o Dr. Alberto nos esperava, como sempre, um verdadeiro médico da família, aquele que nunca nos desamparou, somos e seremos sempre gratos a esse profissional altamente capacitado e dedicado, além de um ser humano como poucos que passam por nossas vidas.

E de lá meu pai nunca mais saiu.

Foram dezessete dias na UTI. Pode até parecer pouco, se comparado com outros casos, mas esse desfecho tem um ingrediente inesperado: minha mãe sempre aproveitava as consultas do meu pai para também fazer seus exames de rotina, e no dia em que meu pai foi internado ela recebeu o diagnóstico de que estava com um tumor no baço e precisava ser operada às pressas. A colocamos num quarto particular com a possibilidade de acompanhante, para que todos nós pudéssemos nos revezar para dormir com ela e também tentar ficar mais perto do meu pai.

Preciso registrar aqui algo que outro líder fez por mim. Eu estava com um trabalho muito intenso numa fábrica de papel e celulose que ficava no município de Luiz Antônio, distante quase 300 km daquele hospital. Pode-se imaginar o meu estado físico e emocional, pois eu dormia um dia em casa e dois no hospital, e ainda viajava essa longa distância duas vezes na semana. Foi quando o gerente dessa empresa me chamou na sala dele. Eu fui tremendo, pois estava imaginando que havia feito ou deixado de fazer algo devido ao desequilíbrio emocional que estava vivendo, mas, para minha surpresa, ele queria saber como estavam meus pais, pois ouviu o boato de que ambos estavam internados ao mesmo tempo.

Muito nervoso, tentei resumir a história para ele, que, com um semblante muito sereno, deixou que eu explicasse ou até mesmo desabafasse. Quando eu terminei de falar, ele me olhou firme e perguntou:

– O que você está fazendo aqui?

Nesse momento, não consegui mais segurar o choro. E ele, firme, me disse:

– Hoje você irá pra sua casa descansar e se alimentar bem, amanhã pode ir pra Sorocaba, e vai ficar com seus pais até eles saírem do hospital.

Tentei argumentar que estava no meio de um projeto, mas ele me interrompeu novamente e falou de forma um pouco mais dura:

– Não estou pedindo, estou autorizando você a se concentrar apenas nos seus pais, pois tudo aqui pode esperar.

Eu saí daquela sala sem acreditar no que havia acontecido. Como eu poderia agradecer por tantos anjos que apareciam na minha vida?

Acredito que todos nós temos os anjos que estão presentes em nossas vidas, porém muitos não são percebidos ou identificados, pois sempre estamos reclamando dos nossos problemas e não conseguimos ver que as soluções estão, muitas vezes, em ouvir as pessoas próximas, aquelas que querem o nosso bem.

Meu pai ficou internado na UTI, com apenas uma visita diária, e nos revezamos para vê-lo e conversar nos breves vinte minutos que ainda tínhamos. Lembro-me de todas as visitas, na verdade, de cada segundo que eu passava com ele naquele leito de hospital, de cada sorriso com aquele buço sempre suado, daquelas sobrancelhas altas em sinal de atenção, e daquela voz meio rouca e sempre serena que me confortava, como quem diz: "até daqui a pouco".

Falávamos sobre tudo, na verdade, ele queria saber sobre tudo, o que estava acontecendo em nossas vidas, quais eram os próximos projetos, e nunca nos dava conselhos ou conversava em tom de despedida. Era sempre um bom papo, parecia que estávamos tomando um café na padaria, era nítido que ele sabia da gravidade do seu caso, e, no fundo, deixava transparecer que estava tranquilo, que tinha vivido tudo em sua plenitude, que fez tudo o que deveria fazer. Não estou dizendo que ele desistiu, isso jamais, mas era como se seu destino estivesse certo, e que o seu legado o manteria vivo entre nós. Como sempre, manteve.

Com certeza foi exatamente isso que aconteceu. Sou e serei eternamente grato por todos os dias que pude viver ao lado do meu pai, pois hoje, após me tornar pai, entendo o legado que ele nos deixou, que é ser pai, líder, formador de opinião e, principalmente, exemplo.

São tarefas diárias. Independentemente da situação, você precisa se posicionar, sair da defesa, ir ao encontro do que de fato acredita e recomenda para o bem comum, seguindo como guia os seus valores e suas crenças mais verdadeiros.

O último suspiro

E, como num bom livro de romance, eu fui abençoado em presenciar a maior cena de amor que poderia ter visto em toda a minha vida. Dificilmente verei algo tão forte e intenso, acho que nem ao menos parecido.

Depois de dezessete dias de internação dupla, meu pai com déficit cardíaco e minha mãe para realizar uma cirurgia de retirada de um tumor benigno no baço, o quadro dos dois era bem diferente. Meu pai estava cada vez mais debilitado, pois só um transplante de coração o salvaria, já minha mãe demonstrava uma força de recuperação que impressionava até os médicos, ela superou todas as previsões de alta e, naquele décimo sétimo dia, os médicos a liberaram para voltar para casa.

Ainda estava um tanto debilitada, é verdade, mas a cirurgia havia sido melhor do que esperado pelos médicos e sua recuperação foi uma grande vitória. Tenho certeza de que foi por conta da vontade que ela tinha de ficar ao lado do seu grande amor.

A primeira coisa que minha mãe fez após receber alta foi tomar um bom banho, se arrumar e esperar a hora da visita da UTI para ver seu esposo e seu único grande amor. O que ela não sabia é que na noite anterior os médicos já haviam me alertado de que o quadro do meu pai havia piorado muito e que precisavam entubá-lo. Resolvi guardar essa informação só para mim, pois eu estava acompanhando tudo muito de perto, e não queria tirar as esperanças da minha família. Chegada a hora da visita, minha mãe e eu fomos de mãos dadas até ele, e já na entrada percebi que algo não estava normal, pois havia mais de um médico ao lado dele, e o enfermeiro deixou que todos nós entrássemos juntos, eu, minha mãe, minha tia e um amigo muito próximo. Assim que nos aproximamos, outra coisa estranha aconteceu, um dos médicos, quando nos viu, rapidamente tirou a intubação e deixou que minha mãe se aproximasse, nesse momento, meu pai abriu os olhos, se esforçou como nunca para virar a cabeça para o lado e então eu vi o seu grande AMOR. Minha mãe se aproximou mais e colou seu rosto pertinho da boca dele, ele sussurrou em seu ouvido, e ela o abraçou tão forte e o beijou tão carinhosamente que naquele momento parecia que o mundo havia parado e eles tinham regressado à adolescência, no exato momento em que se conheceram. Nos segundos seguintes, enquanto ela começava a se afastar, o alarme contínuo dos batimentos cardíacos soou pela última vez.

Todos que estavam comigo sequer perceberam que aquele havia sido o último gesto dele, sua última mensagem, seu último suspiro. Ele havia esperado até o último segundo para se despedir do seu grande amor, e ali, naquele instante, uma história de amor estava sendo interrompida, pelo menos nesse plano, e precisaríamos reunir todas as forças para seguir em frente. Agora sem ele.

No dia 8 de setembro de 2006, meu pai, o senhor João Sennen Blóes, com apenas 64 anos, nos disse adeus.

Mesmo após tantos anos da sua partida, eu tenho certeza absoluta de que ele nunca deixou de estar presente na minha vida um dia sequer, às vezes me pego olhando para o nada e começo a lembrar dos momentos tão felizes que passamos juntos que quase consigo sentir seu cheiro, ouvir sua voz e ver seu sorriso.

Saudades?
Muitas. Mas com uma certeza inabalável, a de que estamos sempre juntos.
Obrigado, Pai.

Mensagem final

Para encerrar, gostaria de lhe deixar uma última provocação:
Você quer ser o artilheiro do time que será rebaixado ou reserva do time que será campeão?

Apenas reflita sobre a sua resposta e, com certeza, entenderá o caminho que deverá seguir. Pois, independente da sua escolha, você necessitará de esforços, dedicação e muita disciplina. Terá ganhos e perdas, e, ainda, precisará reprogramar diariamente o seu *mindset* para continuar focado no seu desenvolvimento e crescimento como ser humano.

Mas, para mudar esse *mindset*, precisará fazer algo diferente, aquele algo a mais, se doar um pouco a mais, e não estou me referindo apenas a esforços físicos, ou a horas incessantes de trabalho ou de estudo. Estou falando de respeitar os prazos de maturação, de entender que tudo tem o seu tempo, até mesmo a dor tem o tempo necessário para cicatrizar e deixar a pele mais cascuda.

É necessário começar por dentro, ser autêntico, e não apenas copiar os sonhos dos outros. É claro que é importante ter boas referências, bons comparativos, seguir bons líderes, afinal, esse é um dos principais motivos deste livro, servir de exemplo de boas práticas.

Além de todos os seus esforços individuais, é indispensável se unir a pessoas do bem, profissionais bem preparados que, juntos, se completam, pois, sem dúvida alguma, só existe um tipo de sucesso, o SUCESSO COLETIVO, composto por bons parceiros de trabalho, fornecedores integrados, clientes exigentes, amigos participativos e até mesmo concorrentes de alto nível.

Contudo, a parceria mais importante, claro, ainda é a FAMÍLIA, que é a conexão insubstituível da união do AMOR com aqueles que compartilham dos mesmos ideais.

No final das contas, só viveremos a plenitude de todos esses momentos de alegria se estivermos ao lado deles, pois são eles que nos dão todo o suporte, consolo e, principalmente, força para superar e vencer cada novo obstáculo. É com eles que queremos estar para comemorar as mais simples conquistas, ou mesmo chorar a mais dura das dores.

Demorei mais de dois anos para escrever este livro, e me apaixonei tanto por ele que não consigo parar de escrever, parece que voltei a ser adolescente e estou registrando tudo em meu diário, mas, agora, cheguei às últimas linhas e não consigo me inspirar em nenhuma frase de efeito para finalizar em grande estilo, acho que porque não existe nenhuma frase já pronta que supere o meu sentimento de realização ao concluir mais este sonho, de iniciar mais essa etapa da minha carreira, de divulgar meus conceitos através das minhas próprias vivências e, ainda, poder dividir tudo isso com pessoas que talvez eu nunca conheça pessoalmente. É um sentimento muito louco, confuso, por estar abrindo os cofres da minha intimidade, dos meus defeitos, das minhas vaidades, dos meus sonhos mais que secretos, que por muito tempo se mantiveram escondidos atrás de um sorriso.

Um desses sonhos eu estava tentando realizar naquele mesmo ano em que meu pai nos deixou, pois com a ajuda dele conseguimos comprar um imóvel e estávamos começando a reformá-lo para inaugurar a nossa segunda academia. Porém, com a piora do seu estado de saúde, ele não pôde acompanhar a evolução de mais essa obra. Sim, era a segunda vez que isso acontecia comigo. Ninguém nunca poderá sequer imaginar o quanto ele me fez falta nesses momentos, pois era dele a mente do arquiteto do futuro, que sonhava e previa inúmeras possibilidades.

E, em minha última conversa com ele no hospital, ele pediu para que eu pegasse e usasse alguns metros de piso (*granito – cor Capão Bonito*) que haviam sobrado da construção da nossa casa e estavam guardados há mais de dez anos. Na época, achei que era apenas um mimo, pois os granitos são muito caros e seria um luxo usá-los em minha obra, mas, agora, após ler e reler todas estas linhas, compreendi que essa última lição é uma das mais poderosas que ele me deixou.

Ele estava tentando-me dizer que precisamos de um chão estável para pisar, que seja firme e resistente como o granito e, ainda, que nos permita caminhar seguros, sempre respeitando nosso passado amparado nas raízes da nossa família.

Esse piso está até hoje na minha empresa, mais do que isso, está em meu propósito de vida:

> *"Viver o presente, respeitando o passado e vislumbrando um futuro melhor."*

Posso confessar um último sentimento, o de alívio. Foi muito bom me libertar dos medos ao pensar em me arriscar a escrever esse livro, afinal não é fácil se expor a julgamentos e críticas. Mas agora me sinto liberto, certo de que tudo foi escrito com muito amor e verdade.

Meu maior desejo é que a vida promova a todos que lerem estas linhas o mesmo que estou sentindo agora, que é muito mais do que um sentimento de missão cumprida, é o sentimento lúcido do poder do AMOR, da força que essa palavra tem em nossas vidas e conquistas.

Se eu puder desejar algo a cada um que ler estas experiências, será exatamente isto:

– *Desejo paz, amor e proteção. Viva sempre em busca da sua felicidade através desse tripé, e então construirá a sua fortaleza. Pode acreditar, todo o resto vem, pois a única certeza que podemos ter é a de que todos iremos colher, mas escolher o plantar é uma decisão individual e totalmente sua.*

Boa sorte e sucesso na lavoura!
The End.

Prof. Angelo Otavio Blóes

Bibliografia

CARNEGIE, Dale. *Como fazer amigos e influenciar pessoas.* 52 ed. São Paulo: Companhia Editora Nacional. 2012.

CORTELLA, Mario Sergio. *Família:* **urgências e turbulências.** 1. ed. São Paulo: Cortez Editora. 2017.

CORTELLA, Mario Sergio. *Por que fazemos o que fazemos?*: **Aflições vitais sobre trabalho, carreira e realização.** 21. ed. São Paulo: Planeta. 2016.

COVEY, Stephen R.. *Os 7 hábitos das pessoas altamente eficazes.* 61. ed. Rio de Janeiro: FranklinCovey. 2017.

COVEY, Sthephen R.. *O 8º hábito: da eficácia à grandeza.* 4 ed. Rio de Janeiro: FranklinCovey, 2005.

DOUGLAS, Willian; TEIXEIRA, Rubens. *As 25 leis bíblicas do sucesso.* 1 ed. Rio de Janeiro: Sextante. 2012.

DUHIGG, Charles. *O poder do hábito.* 1 ed. São Paulo: Objetiva. 2012.

DWECK, Carlos S. *Mindset*: A nova psicologia do sucesso. 1 ed. São Paulo: Objetiva. 2017.

HARARI, Yuval Noah. *Sapiens – Uma Breve História da Humanidade.* 1 ed. Porto Alegre: L&PM. 2015.

HUNTER, James C. *Como se tornar um líder servidor:* **Os princípios de liderança de o monge e o executivo.** 1. ed. Rio de Janeiro: Sextante. 2006

HUNTER, James C. *De volta ao mosteiro:* **O monge e o executivo falam de liderança e trabalho em equipe.** 1. ed. Rio de Janeiro: Sextante. 2014

HUNTER, James C. *O mongwe e o executivo:* **Uma história sobre a essência da liderança.** 1. ed. Rio de Janeiro: Sextante, 2004.

JOHNSON, Spencer. *Quem mexeu no meu queijo?* 90 ed. Rio de Janeiro: Record. 1997.

LEWIS, C.S. *Os quatro amores.* 1 ed. Rio de Janeiro: Thomas Nelson Brasil. 2017

MAGALDI, Sandro; NETO, José Salibi. *Gestão do Amanhã*: Tudo o que você precisa saber sobre gestão, inovação e liderança para vencer na 4ª Revolução Industrial. 10 ed. São Paulo: Editora Gente. 2018

MARROM, Marcelo. *Não durma antes de sonhar*. 1 ed. São Paulo: Novo Século. 2018.

ROSSI, Marcelo. Ágape. 1 ed. Rio de Janeiro: Principium. 2010.

ROSSI, Marcelo. *Philia*: Derrote a depressão, a ansiedade, o medo e outros problemas aplicando o Philia em todas as áreas de sua vida. 1 ed. Rio de Janeiro: Principium. 2015.

SALAMACHA, Luciano. *Stakehand*: 5 passos simples para solucionar qualquer situação no seu dia a dia!. 1 ed. IS Editora. 2017.

SCHWAB, Klaus. *A quarta revolução industrial*. 1 ed. São Paulo: Edipro. 2018.

SINEK, Simon. Comece pelo porquê. 1 ed. Rio de Janeiro: Sextante. 2018.

STEINER, Rudolf. *Andar, Falar, Pensar*: a atividade lúdica. 8 ed. São Paulo: Antroposofica. 2007.

TOFFLER, Alvin. *A terceira onda*. 32 ed. Rio de Janeiro: Record. 1981.

TZU, Sun. *A arte da guerra*. 1 ed. São Paulo: Novo Século. 2015.

grupo novo século

Compartilhando propósitos e conectando pessoas
Visite nosso site e fique por dentro dos nossos lançamentos:
www.gruponovoseculo.com.br

Editora Figurati
@figuratioficial
@EditoraFigurati

gruponovoseculo
.com.br

Edição: 2ª
Fonte: Adobe Garamond Pro